Racconti in Polacco

Racconti in Polacco per principianti e intermedi

Antoni Lewandowska

greenthumbpublishing@gmail.com

Contenuti

Introduzione

La lettura di una lingua straniera è uno dei modi più efficaci per migliorare le competenze linguistiche e ampliare il vocabolario. Tuttavia, a volte può essere difficile trovare materiali di lettura coinvolgenti e di livello adeguato, che diano una sensazione di realizzazione e di progresso. La maggior parte dei libri e degli articoli scritti per i madrelingua può essere troppo lunga e difficile da capire, oppure può avere un vocabolario di livello molto alto, per cui ci si sente sopraffatti e si rinuncia. Se questi problemi vi suonano familiari, allora questo libro fa per voi!

Racconti Brevi in Polacco è una raccolta di 25 racconti non convenzionali e divertenti pensati per aiutare gli studenti di livello da principiante a intermedio di Polacco a migliorare le loro competenze linguistiche.

Questi racconti creano un ambiente di lettura di supporto, includendo;

- Ricchi contenuti linguistici in diversi generi per intrattenere l'utente ed esporlo a una varietà di forme di parole.
- Storie brevi in capitoli per darvi la soddisfazione di finire le storie e progredire rapidamente.
- Testi scritti al vostro livello in modo da essere più facilmente comprensibili e non opprimenti.
- Traduzione italiana a pagine alterne per potervi fare riferimento direttamente riga per riga durante la lettura della storia Polacco.
- I vocaboli chiave sono stampati in grassetto lungo tutta la storia e la traduzione per aiutare a capire meglio le parole non familiari.

- Domande di comprensione per testare la comprensione degli eventi chiave e per incoraggiare la lettura più approfondita.

Se volete ampliare il vostro vocabolario, migliorare la vostra comprensione o semplicemente leggere per divertimento, questo libro è il più grande passo avanti che farete nei vostri studi quest'anno. I Racconti Brevi in Polacco vi daranno tutto il supporto di cui avete bisogno, quindi sedetevi, rilassatevi e lasciate correre la vostra immaginazione mentre venite trasportati in un magico mondo di avventura, mistero e intrighi - in Polacco!

Come utilizzare questo libro

La lettura è un talento difficile da padroneggiare. Nella nostra lingua madre usiamo una serie di micro-abilità per aiutarci a leggere. Ad esempio, possiamo sfogliare un brano per avere una comprensione approssimativa del contenuto. Oppure potremmo sfogliare numerose pagine di un orario ferroviario alla ricerca di un orario o di un luogo specifico. Mentre queste micro-abilità sono una seconda natura quando leggiamo nella nostra lingua madre, la ricerca rivela che spesso dimentichiamo la maggior parte di esse quando leggiamo in una lingua straniera. Quando si impara una lingua straniera, di solito si parte dall'inizio di un testo e lo si sfoglia, cercando di capire ogni singola parola. Inevitabilmente, ci imbattiamo in termini sconosciuti o complessi e ci infastidisce l'incapacità di comprenderli.

Uno dei maggiori vantaggi della lettura di una lingua straniera è quello di essere esposti a un gran numero di frasi ed espressioni che vengono utilizzate nelle situazioni quotidiane. La lettura intensiva è un termine usato per descrivere la lettura per piacere al fine di imparare una lingua. Non è come la lettura di un libro di testo, quando le conversazioni o i testi sono concepiti per essere letti lentamente e con attenzione con l'obiettivo di comprendere ogni parola. La "lettura intensiva" si riferisce alla lettura effettuata per raggiungere obiettivi di apprendimento specifici o per completare compiti. In altre parole, la lettura approfondita dei libri di testo di solito favorisce l'apprendimento di regole grammaticali e di un vocabolario particolare, mentre la lettura intensiva di storie favorisce l'apprendimento del linguaggio

naturale.

I Racconti Brevi in Polacco vi offriranno l'opportunità di conoscere meglio la lingua naturale Polacco in uso, anche se forse avete iniziato il vostro percorso di apprendimento delle lingue esclusivamente con i libri di testo. Ecco alcuni suggerimenti da tenere a mente mentre leggete le storie di questo libro per trarne il massimo beneficio: Quando si tratta di leggere, il divertimento e il senso di realizzazione sono fondamentali. Si continua a tornare perché ci si diverte a leggere. Leggere ogni storia dall'inizio alla fine è il metodo migliore per godersi le storie e sentirsi realizzati. Di conseguenza, la cosa più importante è arrivare alla fine di una storia. È più importante che conoscere ogni singola parola.

Più si legge, più si acquisisce conoscenza. Se si leggono libri più grandi per piacere, si acquisisce rapidamente una conoscenza di come funziona la Polacco. Tuttavia, tenete presente che per ottenere tutti i benefici della lettura estensiva, dovete prima leggere un volume sufficientemente consistente. Leggere qualche pagina qua e là può insegnare qualche parola nuova, ma non farà una differenza significativa nel livello generale di Polacco.

Accettate il fatto che non riuscirete a comprendere tutto ciò che leggete in un romanzo. Questo è, senza dubbio, il punto più cruciale! Ricordate sempre che non capire tutte le parole o le frasi è assolutamente accettabile. Non significa che le vostre competenze linguistiche siano inadeguate o che il vostro rendimento sia scarso. Indica che state partecipando attivamente al processo di apprendimento.

Guida alla lettura

Per trarre il massimo beneficio dalla lettura di Racconti Brevi in Polacco, è meglio seguire questo semplice processo di lettura in sei fasi per ogni capitolo dei racconti:

1. Leggete il titolo del capitolo. Pensate al tema della storia. Poi leggete la storia fino in fondo. Il vostro obiettivo è semplicemente quello di arrivare alla fine della storia. Pertanto, non fermatevi a cercare le parole e non preoccupatevi se ci sono cose che non capite. Cercate semplicemente di seguire la trama.

2. Quando arrivate alla fine della storia, scrutate la traduzione italiana per vedere se avete capito cosa è successo e per cogliere il contesto che vi è sfuggito.

3. Tornate indietro e rileggete la stessa storia. Se volete, potete concentrarvi di più sui dettagli della storia rispetto a prima, ma altrimenti leggete semplicemente un'altra volta.

4. Successivamente, leggete le domande di comprensione in Polacco per verificare la vostra comprensione degli eventi chiave della storia. Se non capite completamente le domande, non preoccupatevi. Utilizzate le vostre conoscenze per rispondere al meglio.

5. A questo punto dovreste aver compreso gli eventi principali del capitolo. In caso contrario, potreste rileggere il capitolo alcune volte utilizzando la traduzione per controllare le parole e le frasi sconosciute fino a quando non vi sentirete sicuri.

Una volta che siete pronti e sicuri di aver capito cosa è successo - che sia dopo una o più letture della storia - passate alla storia successiva e continuate a godervi la storia al vostro ritmo, proprio come fareste con qualsiasi altro libro.

Solo una volta completata una storia nella sua interezza, si può pensare di tornare indietro e studiare il linguaggio della storia in modo più approfondito, se lo si desidera. Oppure, invece di preoccuparvi di capire tutto, prendetevi del tempo per concentrarvi su ciò che avete capito e congratularvi con voi stessi per quanto avete fatto.

Racconti in Polacco

Zamek w Malborku

Zastanawia się, czy w zamku w Malborku cokolwiek się jeszcze **zmieni.**Jest rok 1410, a Zakon Krzyżacki właśnie przejął kontrolę nad zamkiem w Malborku. Okazała budowla stoi imponująco nad brzegiem rzeki Nogat w północnej Polsce, będąc symbolem potęgi i mocy germańskich rycerzy. Jednak nie wszystko w murach **zamku jest w porządku.** Panuje atmosfera napięcia i niepokoju, ponieważ jest wielu, którzy nie ufają nowym władcom. Jedną z takich osób jest Agnieszka, młoda kobieta, która urodziła się i wychowała w Malborku. **Pamięta czasy,** gdy Malbork nazywał się jeszcze Marienburg, **zanim dostał się w ręce** Krzyżaków podczas jednej z ich krucjat przeciwko pogańskiej Litwie. Teraz czuje się jak obca we własnym domu; wszystko się zmieniło od tamtych mrocznych dni. Agnieszka stara się unikać kontaktu z rycerzami, ale pewnego dnia **przypadkowo wpada na** jednego z nich w zatłoczonym korytarzu. Ten chwyta ją za ramię i krzyczy na nią po niemiecku, **żądając wyjaśnień,** dlaczego nie pracuje ciężej, by służyć im należycie. **Wstrząśnięta** tym spotkaniem Agnieszka postanawia, że dość tego; nie może dłużej milczeć na temat tego, co dzieje się na zamku w Malborku pod panowaniem krzyżackim.

Castello di Malbork

È il 1410 e l'Ordine Teutonico ha appena preso il controllo del castello di Malbork. La grandiosa struttura si erge imponente sulle rive del fiume Nogat, nella Polonia settentrionale, simbolo del potere e della potenza dei cavalieri germanici. Ma non tutto va bene tra le mura del **castello**. C'è un'aria di tensione e di disagio, perché molti non si fidano dei nuovi governanti. Una di queste persone è Agnieszka, una giovane donna nata e cresciuta a Malbork. **Ricorda** quando si chiamava ancora Marienburg, **prima che** cadesse nelle mani dell'Ordine Teutonico durante una delle crociate contro la Lituania pagana. Ora si sente un'estranea nella sua stessa casa; tutto è cambiato da quei giorni bui. Agnieszka fa del suo meglio per evitare il più possibile il contatto con i cavalieri, ma un giorno si imbatte **accidentalmente** in uno di loro in un corridoio affollato. Lui le afferra rudemente il braccio e le urla contro in tedesco, **chiedendo** di sapere perché non si impegna di più per servirli adeguatamente. **Scossa** da questo incontro, Agnieszka decide che quando è troppo è troppo; non può più tacere su ciò che sta accadendo qui al castello di Malbork sotto il dominio teutonico.

Agnieszka inizia a spargere la voce tra il personale del

Agnieszka zaczyna rozpowiadać wśród pracowników zamku o złym traktowaniu, jakiego doświadczają z rąk Krzyżaków. Wie, że jest to ryzykowne, ale nie może bezczynnie przyglądać się, jak jej rodacy są traktowani w ten sposób. **Powoli, ale nieuchronnie** coraz więcej osób zaczyna jej słuchać i wkrótce na zamku w Malborku powstaje mały ruch oporu. Rycerze nie są ślepi na to, co się dzieje; widzą, że Agnieszka **staje się** problemem. Zaczynają ją bacznie obserwować, pilnując, by nie sprawiała więcej kłopotów. Jednak mimo ciągłego nadzoru, Agnieszce wciąż udaje się przemycać **wiadomości z** zamku, wzywając pomocy z zewnątrz. Pewnej nocy, gdy kończy pisać kolejną wiadomość, słyszy kroki na **korytarzu** przed swoim pokojem. Ktoś dowiedział się o działalności Agnieszki i teraz po nią idzie. W **pośpiechu** chowa wiadomość, po czym otwiera drzwi i widzi czekających na nią dwóch Krzyżaków. Tym razem nie ma **ucieczki** - wie, że zostanie zabrana i prawdopodobnie **stracona** za zdradę zakonu.

castello sui maltrattamenti che stanno subendo tutti per mano dei cavalieri teutonici. Sa che è rischioso, ma non può stare ferma e non fare nulla mentre i suoi concittadini vengono trattati in questo modo. **Lentamente** ma inesorabilmente, sempre più persone iniziano ad ascoltarla e presto si forma un piccolo movimento di resistenza all'interno del castello di Malbork. I cavalieri non sono ciechi di fronte a ciò che sta accadendo; si rendono conto che Agnieszka sta **diventando** un problema. Cominciano a sorvegliarla da vicino, assicurandosi che non crei altri problemi. Ma anche se è costantemente sorvegliata, Agnieszka riesce comunque a far uscire di nascosto i **messaggi** dal castello, chiedendo aiuto all'esterno. Una notte, mentre sta terminando un altro messaggio, sente dei passi nel **corridoio** fuori dalla sua stanza. Qualcuno ha scoperto le attività di Agnieszka e ora sta venendo a cercarla. Nasconde **frettolosamente** il messaggio prima di aprire la porta e trovare due cavalieri teutonici in piedi ad aspettarla. Questa volta non c'è **scampo**: sa che sarà portata via e probabilmente **giustiziata** per tradimento nei confronti del loro ordine.

Pytania dotyczące rozumienia tekstu

1. Jak nazywa się zamek, o którym mowa w opowiadaniu?

2. Kiedy Zakon Krzyżacki przejął kontrolę nad zamkiem?

3. Z jakiego kraju pochodzi Agnieszka?

4. Jaką nazwę nosił pierwotnie zamek?

5. Co Agnieszka sądzi o Krzyżakach?

6. Co robi Agnieszka w odpowiedzi na złe traktowanie przez pracowników zamku?

7. Co czuje Wielki Mistrz Zakonu Krzyżackiego w związku z postępowaniem Agnieszki?

8. Jaka jest konsekwencja działań Agnieszki?

9. Co zastanawia Agnieszkę, gdy jest wyprowadzana?

10. Jaki jest ogólny temat opowiadania?

Domande di comprensione

1. Come si chiama il castello della storia?

2. Quando l'Ordine Teutonico prese il controllo del castello?

3. Qual è il Paese di origine di Agnieszka?

4. Qual era il nome originale del castello?

5. Cosa pensa Agnieszka dei cavalieri teutonici?

6. Cosa fa Agnieszka in risposta ai maltrattamenti del personale del castello?

7. Cosa pensa il Gran Maestro dell'Ordine Teutonico delle azioni di Agnieszka?

8. Qual è la conseguenza delle azioni di Agnieszka?

9. Cosa si chiede Agnieszka mentre viene portata via?

10. Qual è il tema generale della storia?

Puszcza Białowieska

Puszcza Białowieska to miejsce mroczne i tajemnicze. Mówi się, że las jest domem dla dziwnych stworzeń, których nikt nigdy nie widział. Niektórzy twierdzą, że są one **przyjazne, a** inni, że niebezpieczne. Nikt nie wie na pewno, co czai się w głębi lasu. Pewnego dnia grupa przyjaciół postanowiła wybrać się do Puszczy Białowieskiej. Słyszeli wszystkie opowieści o dziwnych stworzeniach, które tam mieszkały, i chcieli się przekonać, czy są one prawdziwe. Gdy szli coraz głębiej w las, zaczęli mieć wrażenie, że ktoś ich obserwuje. Słyszeli trzaskanie gałązek i szelest **liści,** ale przez gęste drzewa nie mogli nic zobaczyć. Nagle jedna z ich koleżanek krzyknęła z przerażenia, bo coś chwyciło ją od tyłu! Grupa przyjaciół biegła tak **szybko, jak tylko** mogła, ale stwór był szybszy. Gonił ich przez las, aż w końcu dotarli do polany. Odwrócili się w stronę swojego prześladowcy i zobaczyli duże, futrzane stworzenie stojące przed nimi. Miało ostre zęby i pazury i wyglądało na bardzo rozgniewane. Przyjaciele byli przerażeni!

Stwór wystąpił naprzód i obwąchał każdego z nich. Potem zrobiło coś **zaskakującego**: uśmiechnęło się do nich! To nie było groźne stworzenie, a jedynie

Foresta di Białowieża

La foresta di Białowieża è un luogo oscuro e misterioso. Si dice che la foresta ospiti strane creature che nessuno ha mai visto prima. Alcuni dicono che queste **creature** sono **amichevoli**, mentre altri dicono che sono pericolose. Nessuno sa con certezza cosa si nasconda nelle profondità della foresta. Un giorno, un gruppo di amici decise di esplorare la foresta di Białowieża. Avevano sentito tutte le storie sulle strane creature che vivevano lì ed erano determinati a scoprire se fossero vere. Mentre si addentravano nel bosco, cominciarono ad avere la sensazione che qualcuno li stesse osservando. Sentivano lo schiocco di ramoscelli e il fruscio **delle foglie**, ma non riuscivano a vedere nulla attraverso il fitto degli alberi. All'improvviso, una delle loro amiche gridò terrorizzata perché qualcosa l'aveva afferrata da dietro! Il gruppo di amici corse il più **velocemente** possibile, ma la creatura era più veloce. Li inseguì attraverso la foresta, finché non arrivarono a una radura. Si voltarono per affrontare l'inseguitore e videro una grande creatura pelosa in piedi davanti a loro. Aveva denti e artigli affilati e sembrava molto arrabbiata. Gli amici erano terrorizzati!

La creatura fece un passo avanti e annusò ognuno

ciekawskie, które chciało dowiedzieć się czegoś więcej o tych dziwnych ludziach, którzy weszli do jego domu. Od tej pory stworzenia z Puszczy Białowieskiej stały się stałymi gośćmi na polanie, gdzie przyjaciele spotykali się każdego dnia. I tak zaczęła się **wspaniała** przyjaźń między ludźmi a zwierzętami, która trwała przez wiele lat. Pewnego dnia leśne stworzenia poprosiły przyjaciół o pomoc w rozwiązaniu pewnego **problemu**. W lesie pojawiła się grupa myśliwych, którzy zabijali zwierzęta dla ich futra. Stworzenia były przerażone i nie wiedziały, co robić. Przyjaciele wymyślili plan, jak powstrzymać **myśliwych**. Zbudowali pułapki i rozstawili je w całym lesie. Gdy łowcy przyszli następnym razem, wpadli w pułapki i zostali schwytani! Stworzenia były bardzo **wdzięczne** swoim przyjaciołom za pomoc i do Białowieży znów powrócił pokój.

Przyjaciele przeżyli wiele przygód w Puszczy Białowieskiej, ale zawsze trzymali się **razem**. Pomagali stworom w ich problemach, a one w zamian pokazywały im rzeczy, których nigdy wcześniej nie widzieli. Las był **magicznym** miejscem i szybko stał się ich drugim **domem**. Pewnego dnia, badając nową część lasu, natknęli się na dziwną **jaskinię**.

di loro. Poi, fece qualcosa di **sorprendente**: sorrise loro! Non era una creatura pericolosa, dopotutto, ma solo una creatura curiosa che voleva saperne di più su questi strani esseri umani che erano entrati nella sua casa. Da quel momento in poi, le creature della Foresta di Białowieża divennero visitatori abituali della radura dove gli amici si incontravano ogni giorno. Iniziò così una **meravigliosa** amicizia tra umani e bestie che sarebbe durata per molti anni a venire. Un giorno, le creature della foresta chiesero agli amici di aiutarli a risolvere un **problema**. Un gruppo di cacciatori era entrato nel bosco e uccideva gli animali per la loro pelliccia. Le creature erano spaventate e non sapevano cosa fare. Gli amici escogitarono un piano per fermare i **cacciatori**. Costruirono delle trappole e le posizionarono intorno alla foresta. La volta successiva che i cacciatori arrivarono, caddero nelle trappole e furono catturati! Le creature furono molto **grate** ai loro amici per averli aiutati e la pace tornò di nuovo a Białowieża.

Gli amici vissero molte avventure nella Foresta di Białowieża e rimasero sempre **uniti**. Aiutavano le creature a risolvere i loro problemi e, in cambio, le creature mostravano loro cose che non avevano mai visto prima. La foresta era un luogo **magico** e stava rapidamente diventando la loro seconda **casa**.
Un giorno, mentre esploravano una nuova zona del bosco, si imbatterono in una strana **grotta**.

Pytania dotyczące rozumienia tekstu

1. Co to jest Puszcza Białowieska?

2. Jakie stworzenia podobno żyją w lesie?

3. Dlaczego przyjaciele postanowili zwiedzić las?

4. Co zrobił stwór, gdy po raz pierwszy zobaczył przyjaciół?

5. Z jakim problemem zwróciły się do przyjaciół leśne stwory o pomoc?

6. W jaki sposób przyjaciele pomogli stworzeniom?

7. Co znaleźli przyjaciele, gdy odkrywali nową część lasu?

8. W jaki sposób przyjaciele i stworki schwytali bandytów?

9. Co się stało z przyjaciółmi, gdy dorośli?

10. Dlaczego jedno z futrzanych stworzeń ponownie pojawiło się u przyjaciół?

Domande di comprensione

1. Che cos'è la Foresta di Białowieża?

2. Quali creature si dice che vivano nella foresta?

3. Perché gli amici hanno deciso di esplorare la foresta?

4. Cosa fece la creatura quando vide per la prima volta gli amici?

5. Qual è il problema che le creature della foresta hanno chiesto agli amici di aiutare?

6. In che modo gli amici hanno aiutato le creature?

7. Che cosa hanno trovato gli amici mentre esploravano una nuova zona del bosco?

8. Come hanno fatto gli amici e le creature a catturare i banditi?

9. Cosa è successo agli amici quando sono cresciuti?

10. Perché una delle creature pelose sarebbe apparsa di nuovo agli amici?

Maria Curie

Maria Curie urodziła się 7 listopada 1867 r. w Warszawie. Jej ojciec był **profesorem** fizyki na miejscowym uniwersytecie, a matka prowadziła pensjonat. Już w dzieciństwie Maria Curie wykazywała **duże zdolności w zakresie nauk ścisłych** i doskonale radziła sobie z nauką. Gdy miała zaledwie osiemnaście **lat,** zdobyła **stypendium na studia na** Sorbonie w Paryżu. Na Sorbonie Marie poznała Pierre'a Curie, który później został jej mężem. Pierre również studiował fizykę na tej uczelni i szybko nawiązali silną więź dzięki wspólnemu zamiłowaniu do **nauki**. Pobrali się w 1895 r. i mieli dwie **córki**: Irene i Evelyn. W 1898 r. Marie i Pierre odkryli rad - pierwiastek, który na zawsze odmienił ich życie. Poświęcili się dalszym badaniom nad promieniotwórczością i jej potencjalnymi zastosowaniami w **medycynie** (dziedzina, którą później nazwano "radioterapią"). W 1903 r. otrzymali Nagrodę Nobla w dziedzinie fizyki za odkrycie promieniotwórczości - tym samym Maria Curie stała się pierwszą kobietą w historii, która otrzymała Nagrodę Nobla.

Niestety, zaledwie cztery lata później doszło do tragedii, gdy Pierre zmarł potrącony przez powóz konny podczas przechodzenia przez **ulicę** w Paryżu. Zrozpaczona jego

Marie Curie

Marie Curie nacque a Varsavia, in Polonia, il 7 novembre 1867. Suo padre era **professore di** fisica presso l'università locale e sua madre gestiva una pensione. Da bambina, Marie si dimostrò **molto** promettente in campo accademico ed eccelleva negli studi. A soli diciotto **anni** vinse una **borsa di studio** per l'Università della Sorbona a Parigi. All'Università Sorbona, Marie conobbe Pierre Curie, che in seguito sarebbe diventato suo marito. Anche Pierre studiava fisica all'università e i due svilupparono rapidamente un forte legame per il comune amore per la **scienza**. Si sposarono nel 1895 e ebbero due **figlie**: Irene ed Evelyn. Nel 1898, Marie e Pierre scoprirono il radio, un elemento che avrebbe cambiato per sempre le loro vite. Si dedicarono a ulteriori ricerche sulla radioattività e sulle sue potenziali applicazioni in **medicina** (un campo che divenne noto come "radioterapia"). Nel 1903 ricevettero il Premio Nobel per la Fisica per la loro scoperta della radioattività, rendendo Marie Curie la prima donna ad aver vinto un Premio Nobel.

Purtroppo, la tragedia si abbatté solo quattro anni dopo, quando Pierre morì dopo essere stato investito da una carrozza trainata da cavalli mentre attraversava una **strada** a Parigi. Sconvolta dalla sua morte, ma

śmiercią, ale zdecydowana kontynuować ich wspólną pracę, Marie objęła jego stanowisko profesora fizyki na Sorbonie. Stała się jeszcze bardziej znana dzięki swoim przełomowym pracom nad promieniotwórczością, do tego stopnia, że w 1911 r. otrzymała kolejną Nagrodę Nobla - tym razem sama - stając się nie tylko pierwszą kobietą, która otrzymała dwa Noble, ale także jedyną osobą, która otrzymała je w dwóch różnych dziedzinach nauki. Po wybuchu I wojny światowej Marie odłożyła na bok własne projekty badawcze, aby pomóc w działaniach wojennych, opracowując aparaty rentgenowskie, które można było wykorzystywać do lokalizowania **odłamków** i innych ciał obcych w ciałach żołnierzy. Przeszkoliła także 150 kobiet, które miały obsługiwać te **urządzenia** w **szpitalach** wojskowych w pobliżu linii frontu. Za swoje wysiłki w czasie wojny została odznaczona francuską Legią Honorową - jednym z najwyższych odznaczeń cywilnych przyznawanych przez **rząd** francuski.

Niestety, wkrótce potem narażenie na **promieniowanie** wynikające z wieloletniej pracy z materiałami radioaktywnymi zaczęło się negatywnie odbijać na zdrowiu Marii Curie, która zaczęła cierpieć na **zmęczenie,** a w końcu zachorowała na białaczkę. Maria Curie zmarła spokojnie 4 lipca 1934 r. w wieku 67 lat w sanatorium Sancellemoz w Passy we Francji, w otoczeniu **rodziny** i najbliższych przyjaciół.

decisa a continuare il loro lavoro insieme, Marie gli subentrò come professore di fisica all'**Università** della Sorbona. Divenne ancora più famosa per il suo lavoro rivoluzionario sulla radioattività, tanto da ricevere un altro Premio Nobel - questa volta da sola - nel 1911, diventando non solo la prima donna ad aver vinto due Nobel, ma anche l'unica persona ad averli vinti entrambi in scienze diverse. Dopo lo scoppio della Prima Guerra Mondiale, Marie mise da parte i suoi progetti di ricerca per contribuire allo sforzo bellico, sviluppando macchine a raggi X che potevano essere utilizzate per individuare **schegge** e altri oggetti estranei all'interno dei corpi dei soldati. Inoltre, addestrò 150 donne alla manutenzione e al funzionamento di queste **macchine** negli **ospedali** militari vicino alle prime linee di battaglia. Per i suoi sforzi in tempo di guerra, fu nominata membro della Legion d'onore francese, una delle più alte onorificenze civili conferite dal **governo** francese.

Sfortunatamente, l'esposizione **alle radiazioni** dovuta a tutti quegli anni passati a lavorare con materiali radioattivi cominciò a pesare sulla salute di Marie poco dopo; iniziò a soffrire di **stanchezza** e alla fine sviluppò la leucemia. Marie Curie morì serenamente il 4 luglio 1934, all'età di 67 anni, nel sanatorio Sancellemoz di Passy, in Francia, circondata dalla sua **famiglia** e dagli amici più cari.

Pytania dotyczące rozumienia tekstu

1. Jaki zawód wykonywał ojciec Marii Curie?

2. Co łączyło Marię Curie i Pierre'a Curie?

3. Co odkryli Maria i Pierre Curie?

4. Ile nagród Nobla otrzymała Maria Curie?

5. Czym zajmowała się Maria Curie podczas I wojny światowej?

6. Jakie jest dziedzictwo Marii Curie?

7. Za co Irena Curie otrzymała Nagrodę Nobla?

8. Kto napisał biografię o życiu Marii Curie?

9. Jak Maria Curie była postrzegana przez wielu?

10. Co jest inspiracją dla Marii Curie?

Domande di comprensione

1. Qual era la professione del padre di Marie Curie?

2. Che cosa avevano in comune Marie Curie e Pierre Curie?

3. Cosa scoprirono Marie e Pierre Curie?

4. Quanti premi Nobel ha vinto Marie Curie?

5. Cosa fece Marie Curie durante la Prima guerra mondiale?

6. Qual è l'eredità di Marie Curie?

7. Per cosa ha vinto il premio Nobel Irene Curie?

8. Chi ha scritto una biografia sulla vita di Marie Curie?

9. Come veniva considerata Marie Curie da molti?

10. Qual è l'ispirazione fornita da Marie Curie?

Kopalnia soli w Wieliczce

Kopalnia Soli w Wieliczce to miejsce, jakiego jeszcze nie było. Przez **wieki** była źródłem soli dla mieszkańców Polski. Dziś jest także popularnym celem wycieczek turystycznych. Odwiedzają ją turyści z całego świata, aby zobaczyć wyjątkowe podziemne komory i rzeźby. Jest jednak jedna komora w **kopalni,** która nie przypomina żadnej innej. Mówi się, że jest ona nawiedzana przez ducha górnika, który zginął wiele lat temu w wypadku górniczym. Nazywał się Janek Kowalski i miał zaledwie 22 lata, kiedy zginął. Mówi się, że **duch** Janka nawiedza komorę, w której zginął, a jego ducha można czasem zobaczyć błąkającego się w ciemnościach. Niektórzy twierdzą, że duch Janka jest **zły** i mściwy, inni zaś uważają, że po prostu chce odnaleźć **spokój** po śmierci. Tak czy inaczej, jego obecność w kopalni sprawiła, że stała się ona miejscem pełnym tajemnic i intryg zarówno dla mieszkańców, jak i turystów.

Pewnego **upalnego** letniego dnia grupa turystów **zwiedzała** Kopalnię Soli w Wieliczce. Słyszeli opowieści o duchu Janka, ale nie byli pewni, czy im wierzyć. Kiedy szli przez **ciemne** komory, poczuli **chłód** w powietrzu.

La miniera di sale di Wieliczka

La miniera di sale di Wieliczka è un luogo unico. Per **secoli è stata una** fonte di sale per la popolazione polacca. Oggi è anche una popolare destinazione turistica, con visitatori da tutto il mondo che vengono a vedere le sue camere sotterranee e le sue sculture uniche. Ma c'è una camera della **miniera che** è diversa da tutte le altre. Si dice che questa **camera sia** infestata dal fantasma di un minatore morto in un incidente minerario molti anni fa. Si chiamava Janek Kowalski e aveva solo 22 anni quando morì. Si dice che il **fantasma** di Janek infesti la camera in cui morì e che il suo spirito possa talvolta essere visto vagare nell'oscurità. Alcuni dicono che il fantasma di Janek sia **arrabbiato** e vendicativo, mentre altri credono che voglia semplicemente trovare **pace** dopo la morte. In ogni caso, la sua presenza nella miniera l'ha resa un luogo di mistero e di intrigo sia per la gente del posto che per i turisti.

Un **caldo** giorno d'estate, un gruppo di turisti stava **esplorando** la Miniera di Sale di Wieliczka. Avevano sentito delle storie sul fantasma di Janek, ma non erano sicuri di crederci. Mentre camminavano nelle camere **buie**, sentirono un **brivido** nell'aria. All'improvviso,

Nagle jeden z turystów zobaczył w oddali jakąś postać. Był to mężczyzna w staromodnym ubraniu, który zdawał się unosić nad ziemią. Turysta krzyknął, a wszyscy pozostali turyści pobiegli w jego kierunku. Gdy dotarli na miejsce, po widmowej postaci nie było już śladu. Jedyną **różnicą było** to, że jedna ze świec w komnacie była zgaszona. Opowieść o duchu Janka stała się **legendą** w Kopalni Soli "Wieliczka". Turyści z całego świata przyjeżdżają, aby zobaczyć, czy uda im się zobaczyć jego **ducha**. Niektórzy twierdzą, że jest on niegroźny, inni zaś uważają, że wciąż jest zły z powodu swojej śmierci i chce się zemścić na tych, którzy wchodzą do jego komory.

Nikt nie wie na pewno, co stało się z duchem Janka, ale jedno jest pewne: Kopalnia Soli w Wieliczce nigdy nie zostanie zapomniana. Janek Kowalski był **młodym** człowiekiem, który miał przed sobą całe życie. Pracował w kopalni soli w Wieliczce i bardzo to lubił. To była **niebezpieczna** praca, ale Janek nigdy nie bał się podejmować ryzyka. Pewnego dnia, gdy Janek pracował w jednej z komór, nastąpiło zawał. Janek został **pogrzebany** żywcem pod tonami soli i **skał**. Jego ciała nie odnaleziono przez wiele dni, a kiedy je odnaleziono, było już za późno. Zmarł na skutek odniesionych obrażeń. Śmierć Janka pozostawiła dziurę w sercach tych, którzy go znali. Ale pozostawiła też coś jeszcze: jego ducha.

uno dei turisti vide una figura in lontananza. Era un uomo che indossava abiti antiquati e sembrava fluttuare al di sopra del suolo. Il turista urlò e tutti gli altri turisti corsero verso di lui. Ma quando arrivarono sul posto, non c'era traccia di alcuna figura spettrale. L'unica cosa **diversa** era che una delle candele nella camera era stata spenta. La storia del fantasma di Janek è diventata una **leggenda** nella Miniera di Sale di Wieliczka. I visitatori arrivano da tutto il mondo per vedere se riescono a scorgere il suo **spirito**. Alcuni dicono che sia innocuo, mentre altri credono che sia ancora arrabbiato per la sua morte e che voglia vendicarsi di coloro che entrano nella sua camera.

Nessuno sa con certezza cosa sia successo al fantasma di Janek, ma una cosa è certa: la Miniera di Sale di Wieliczka non sarà mai dimenticata. Janek Kowalski era un **giovane** uomo con tutta la vita davanti. Lavorava nella miniera di sale di Wieliczka e lo amava. Era un lavoro **pericoloso**, ma Janek non aveva mai paura di correre rischi. Un giorno, mentre Janek lavorava in una delle camere, ci fu un crollo. Janek fu **sepolto** vivo sotto tonnellate di sale e **roccia**. Il suo corpo non fu trovato per giorni e quando lo trovarono era troppo tardi. Era morto per le ferite riportate. La morte di Janek ha lasciato un vuoto nel cuore di coloro che lo conoscevano. Ma ha lasciato anche qualcos'altro: il suo spirito.

Pytania dotyczące rozumienia tekstu

1. Co to jest kopalnia soli w Wieliczce?

2. Jak nazywa się komora w kopalni, o której mówi się, że jest nawiedzona przez ducha Janka Kowalskiego?

3. Ile lat miał Janek Kowalski, gdy zmarł?

4. Co mówi się o duchu Janka?

5. Co się stało z duchem Janka?

6. Gdzie znajduje się kopalnia soli w Wieliczce?

7. Od jak dawna działa Kopalnia Soli "Wieliczka"?

8. Jak nazywa się komora w kopalni, o której mówi się, że jest nawiedzana przez ducha Janka Kowalskiego?

9. Jaka jest legenda o duchu Janka?

10. Co robią zwiedzający, gdy przyjeżdżają do Kopalni Soli w Wieliczce?

Domande di comprensione

1. Che cos'è la miniera di sale di Wieliczka?

2. Qual è la camera della miniera che si dice sia infestata dal fantasma di Janek Kowalski?

3. Quanti anni aveva Janek Kowalski quando è morto?

4. Cosa si dice del fantasma di Janek?

5. Cosa è successo al fantasma di Janek?

6. Dove si trova la miniera di sale di Wieliczka?

7. Da quanto tempo è in funzione la miniera di sale di Wieliczka?

8. Qual è la camera della miniera che si dice sia infestata dal fantasma di Janek Kowalski?

9. Qual è la leggenda del fantasma di Janek?

10. Cosa fanno i visitatori quando arrivano alla Miniera di Sale di Wieliczka?

Obwarzanek Krakowski

W Krakowie był wczesny ranek, a **miasto** dopiero zaczynało się budzić. **Słońce** jeszcze nie wzeszło, ale niebo rozświetlało się jego blaskiem. Krakowscy sprzedawcy Obwarzanka już rozstawiali swoje wózki, przygotowując się do kolejnego dnia sprzedaży swoich **pysznych** precli. Jeden ze sprzedawców, młody mężczyzna o imieniu Jakub, był dziś szczególnie **podekscytowany**. Oszczędzał od miesięcy i w końcu miał wystarczająco dużo pieniędzy, aby kupić własny wózek. Był to jego pierwszy dzień pracy jako sprzedawca i nie mógł się doczekać, kiedy zacznie. Jakub dotarł na swoje stałe miejsce w pobliżu **rynku** i zaczął rozstawiać **wózek**. W miarę pracy czuł narastające w nim podniecenie. Wkrótce ustawiła się kolejka ludzi, którzy chcieli kupić jego obwarzanki. Gdy słońce zaczęło wschodzić, podekscytowanie Jakuba zmieniło się w zdenerwowanie. Co będzie, jeśli nikt nie kupi jego obwarzanków? A jeśli nie zarobi tyle **pieniędzy,** żeby zapłacić za wózek? Próbował wyrzucić te myśli z głowy i skupić się na zadaniu, które miał wykonać.

Wreszcie nadszedł czas, aby otworzyć interes.

Obwarzanek Krakowski

Era mattina presto a Cracovia e la **città** cominciava ad agitarsi. Il **sole** non era ancora sorto, ma il cielo era illuminato dalla sua luce. I venditori di Obwarzanek Krakowski stavano già sistemando i loro carretti, preparandosi per un'altra giornata di vendita dei loro **deliziosi** pretzel. Un venditore, un giovane di nome Jakub, era particolarmente **eccitato** oggi. Aveva risparmiato per mesi e finalmente aveva abbastanza soldi per comprare il suo carretto. Questo sarebbe stato il suo primo giorno da venditore e non vedeva l'ora di iniziare. Jakub arrivò al suo solito posto vicino alla piazza **del mercato** e iniziò a montare il suo **carretto**. Sentiva l'eccitazione crescere dentro di sé mentre lavorava. Presto ci sarebbe stata una fila di persone in attesa di comprare il suo obwarzanek. Quando il sole cominciò a sorgere, l'eccitazione di Jakub si trasformò in nervosismo. E se nessuno avesse comprato i suoi pretzel? E se non avesse guadagnato abbastanza **soldi** per pagare il suo carretto? Cercò di allontanare questi pensieri dalla sua mente e di concentrarsi sul compito da svolgere.

Finalmente era arrivato il momento di aprire gli affari. Jakub fece un **respiro** profondo e chiamò il primo

Jakub wziął głęboki **oddech** i zawołał do pierwszego klienta: “Obwarzanek Krakowski!”. Ku jego uldze, klient podszedł i kupił precla. Jakub odetchnął z ulgą, wręczając resztę. W końcu zapowiadał się **dobry** dzień. Z upływem dnia **pewność siebie** Jakuba rosła. Sprzedawał coraz więcej precli, a nawet udało mu się pozyskać kilku stałych klientów. Interes kwitł, a on zarabiał więcej pieniędzy, niż kiedykolwiek mógł sobie wyobrazić. Pod koniec dnia Jakub zarobił wystarczająco dużo pieniędzy, aby kupić sobie nową parę butów i jeszcze trochę zostało. Był **zmęczony,** ale szczęśliwy, gdy pakował swój wózek i wracał na **noc do** domu. Dla Jakuba to był dopiero początek. Od tej pory będzie znany jako krakowski sprzedawca Obwarzanków z najlepszymi preclami w mieście! Ponieważ biznes Jakuba stale się rozwijał, postanowił zatrudnić kilku pomocników. Z ich pomocą udało mu się rozszerzyć działalność i sprzedawać jeszcze więcej precli. Miał teraz stałe miejsce na rynku, a ludzie przyjeżdżali z całego miasta, żeby kupić jego obwarzanki.

cliente: “Obwarzanek Krakowski!”. Con suo grande sollievo, il cliente si avvicinò e acquistò un pretzel. Jakub tirò un sospiro di sollievo mentre consegnava il resto. Dopo tutto, questa sarebbe stata una **buona** giornata. Con il passare della giornata, la **fiducia** di Jakub crebbe. Vendeva sempre più pretzel e riuscì persino ad accaparrarsi qualche cliente abituale. Gli affari andavano a gonfie vele e lui guadagnava più di quanto avesse mai potuto immaginare. Alla fine della giornata, Jakub aveva guadagnato abbastanza per comprarsi un nuovo paio di scarpe e ne aveva ancora un po’. Era **stanco** ma felice, mentre impacchettava il suo carrello e si dirigeva a casa per la **notte**. Questo era solo l’inizio per Jakub. D’ora in poi sarà conosciuto come il venditore di Obwarzanek Krakowski con i migliori pretzel della città! Quando l’attività di Jakub continuò a crescere, decise di assumere alcuni aiutanti. Con il loro aiuto, riuscì a espandere la sua attività e a vendere ancora più pretzel. Ora aveva un posto fisso nella piazza del mercato e la gente veniva da tutta la città per comprare i suoi obwarzanek.

Pytania dotyczące rozumienia tekstu

1. Co to jest Obwarzanek Krakowski?

2. Kim jest Jakub?

3. Czym Jakub był podekscytowany tego dnia?

4. Dlaczego podekscytowanie Jakuba zmieniło się w zdenerwowanie?

5. Jak czuł się Jakub pod koniec dnia?

6. Co Jakub zrobił z zarobionymi pieniędzmi?

7. Co zrobił Jakub, gdy zobaczył człowieka ze znakiem?

8. Co powiedział mężczyzna do Jakuba?

9. Co zrobił Jakub w odpowiedzi?

10. Jaki cel przyświecał Jakubowi przy pisaniu nowego znaku?

Domande di comprensione

1. Che cos'è l'Obwarzanek Krakowski?

2. Chi è Jakub?

3. Qual era l'entusiasmo di Jakub per la giornata?

4. Perché l'eccitazione di Jakub si è trasformata in nervosismo?

5. Come si sentiva Jakub alla fine della giornata?

6. Cosa ha fatto Jakub con i soldi guadagnati in più?

7. Che cosa ha fatto Jakub quando ha visto l'uomo con il cartello?

8. Cosa disse l'uomo a Jakub?

9. Cosa ha fatto Jakub in risposta?

10. Qual era l'obiettivo di Jakub nello scrivere il nuovo cartello?

Dolina Dolnej Odry

Dolina Dolnej Odry była kiedyś miejscem tętniącym życiem, pełnym aktywności. Teraz jednak jest **cieniem** dawnego siebie. Pozostały po niej jedynie ruiny domów i przedsiębiorstw. Mówi się, że **dolina** została przeklęta przez mściwego ducha, który został skrzywdzony dawno temu. Nikt nie wie na pewno, co się stało, ale od tamtej pory dolina powoli umiera. **Rośliny** uschły, zwierzęta zniknęły, a w końcu odeszli nawet ludzie. Dziś nikt już nie przyjeżdża do Doliny Dolnej Odry. To tak, jakby w ogóle nie istniała. Jeśli jednak masz dość **odwagi,** by zapuścić się w to opuszczone miejsce, możesz przekonać się, że w tym zapomnianym zakątku świata pozostało jeszcze trochę życia. Przemierzając dolinę, nie sposób oprzeć się wrażeniu smutku. Jakby całe szczęście zostało wyssane z tego miejsca. W oddali widać jednak, że coś **się porusza**. Gdy podchodzisz bliżej, zdajesz sobie sprawę, że to człowiek! Jest poszarpany i **brudny**, ale na pewno żyje. Kiedy Cię widzi, zaczyna uciekać w popłochu.

Próbujesz iść za nimi, ale oni znikają w jednym z **opuszczonych** budynków. Ostrożnie wchodzisz za nimi, nie wiedząc, czego się spodziewać. Wewnątrz budynku jest ciemno i **stęchło**. Dopiero po **chwili** Twoje

La bassa valle dell'Oder

Un tempo la Bassa Valle dell'Oder era un luogo vivace, pieno di vita e di attività. Ma ora è l'**ombra** di se stessa. L'unica cosa che rimane sono le rovine di quelle che un tempo erano case e attività commerciali. Si dice che la **valle** sia stata maledetta da uno spirito vendicativo che aveva subito un torto molto tempo fa. Nessuno sa con certezza cosa sia successo, ma da allora la valle sta lentamente morendo. Le **piante sono** appassite, gli animali sono scomparsi e alla fine anche le persone se ne sono andate. Oggi nessuno viene più nella Bassa Valle dell'Oder. È come se non esistesse affatto. Ma se siete abbastanza **coraggiosi** da avventurarvi in questo luogo abbandonato, potreste scoprire che c'è ancora un po' di vita in questo angolo dimenticato del mondo. Mentre si cammina nella valle, non si può fare a meno di provare un senso di tristezza. È come se tutta la felicità fosse stata risucchiata da questo luogo. Ma poi, in lontananza, si vede qualcosa **che si muove**. Avvicinandosi, ci si rende conto che si tratta di una persona! Sono stracciati e **sporchi**, ma sicuramente sono vivi. Quando vi vedono, iniziano a scappare terrorizzati.

Cercate di seguirli, ma scompaiono in uno degli edifici

oczy przyzwyczajają się do ciemności. Gdy to się udaje, widzisz osobę skuloną w kącie, trzęsącą się ze strachu. Podchodzisz do niej powoli, nie chcąc przestraszyć jej jeszcze bardziej, niż jest w rzeczywistości. Kiedy jesteś wystarczająco blisko, zdajesz sobie sprawę, że to tylko **dzieci**. Młoda **dziewczyna,** która wygląda na nie więcej niż dziesięć lat, najwyraźniej wiele przeszła, ale wciąż ma w sobie trochę **walki.** Kiedy widzi, że nie zamierzasz jej skrzywdzić, zaczyna się lekko uspokajać. Przez chwilę siedzicie w milczeniu, a dziewczynka próbuje zebrać się na odwagę. W końcu się odzywa i opowiada swoją historię. Mówi, że ma na imię Sara i że była jedną z ostatnich osób, które opuściły dolinę, gdy wszyscy inni się wynosili. Jej rodzice zmarli wkrótce po tym, jak tu przybyli, więc Sara została tu **sama**.

Sarah mówi, że od kilku lat żyje z uprawy **ziemi,** ale coraz trudniej jest jej znaleźć **pożywienie**. Szukała jagód, gdy zobaczyła, że nadchodzisz, i pomyślała, że jesteś jednym z duchów, które nawiedzają to miejsce. Ale teraz, kiedy wie, że jesteś zwykłym człowiekiem, takim jak ona, nie boi się już tak bardzo. Siedzicie i rozmawiacie jeszcze przez jakiś czas, aż w końcu Sara zasypia ze **zmęczenia**. Zostajesz z Sarą przez całą noc, czuwając na wypadek, gdyby któryś z duchów powrócił.

abbandonati. Entrate con cautela dopo di loro, senza sapere cosa vi aspetta. All'interno l'edificio è buio e **ammuffito**. Ci vuole un **attimo** perché i vostri occhi si adattino all'oscurità. Quando ci riuscite, vedete la persona rannicchiata in un angolo, che trema di paura. Vi avvicinate lentamente, senza volerli spaventare più di quanto non lo siano già. Quando siete abbastanza vicini, vi rendete conto che si tratta solo di **bambini**. una ragazzina che sembra avere non più di dieci anni, ovviamente ne ha passate tante, ma ha ancora un po' di **forza**. Quando vede che non le farete del male, inizia a calmarsi leggermente. Voi due rimanete in silenzio per un po', mentre la ragazza cerca di raccogliere il suo coraggio. Alla fine parla e racconta la sua storia. Dice di chiamarsi Sarah e di essere stata una delle ultime persone a lasciare la valle quando tutti gli altri se ne stavano andando. I suoi genitori erano morti poco dopo essere arrivati qui e quindi Sarah era **sola** in questo posto.

Sarah dice che negli ultimi anni ha vissuto della **terra**, ma è sempre più difficile trovare **cibo**. Era in cerca di bacche quando ti ha visto arrivare e ha pensato che fossi uno degli spiriti che infestano questo posto. Ma ora che sa che sei una persona come lei, non ha più tanta paura. Vi sedete e parlate ancora per un po', finché Sarah non si addormenta per la **stanchezza**. Rimani con Sarah per tutta la notte, vegliando in caso di ritorno dei fantasmi.

Pytania dotyczące rozumienia tekstu

1. Co to jest Dolina Dolnej Odry?

2. Co jest przekleństwem Doliny Dolnej Odry?

3. Kim był mściwy duch, który rzucił klątwę na dolinę?

4. Co się stało z roślinami, zwierzętami i ludźmi w dolinie?

5. Czy ktoś jeszcze mieszka w Dolinie Dolnej Odry?

6. Kim jest Sara?

7. Jak zginęli rodzice Sary?

8. Od jak dawna Sara mieszka w dolinie?

9. Co robiła Sara, gdy zobaczyła osobę, która się do niej zbliżała?

10. Co znajduje osoba, która wchodzi do opuszczonego budynku?

Domande di comprensione

1. Che cos'è la Bassa Valle dell'Oder?

2. Qual è la maledizione della Bassa Valle dell'Oder?

3. Chi era lo spirito vendicativo che malediceva la valle?

4. Cosa è successo alle piante, agli animali e alle persone della valle?

5. C'è ancora qualcuno che vive nella Bassa Valle dell'Oder?

6. Chi è Sarah?

7. Come sono morti i genitori di Sarah?

8. Da quanto tempo Sarah vive nella valle?

9. Cosa stava facendo Sarah quando ha visto la persona che veniva verso di lei?

10. Cosa trova la persona quando entra nell'edificio abbandonato?

Miasto Gdańsk

Gdańsk był kiedyś kwitnącą **metropolią**. Teraz jednak jest tylko cieniem dawnego siebie. Ulice są **puste,** a budynki się rozpadają. Nad miastem niczym koc unosi się niesamowita cisza. Ale w Gdańsku wciąż jest życie. W opuszczonych budynkach, w ukrytych zakątkach miasta mieszkają ludzie, którzy nie chcą się poddać. Trzymają się nadziei, że pewnego dnia Gdańsk znów powstanie i będzie tym wielkim miastem, którym był kiedyś. Jedną z takich osób jest Janusz Kowalski. Mieszka w Gdańsku całe życie i pamięta, jak to było, zanim wszystko się rozpadło. Teraz spędza dni, włócząc się po ulicach, zbierając **śmieci** i starając się utrzymać porządek. Nie jest to wiele, ale jest to coś, co może zrobić, aby pomóc swojemu **ukochanemu** miastu. Pewnego dnia Janusz był na swoim zwykłym obchodzie, kiedy usłyszał hałas dochodzący z jednego z opuszczonych budynków. Ostrożnie podszedł i **zajrzał do** środka. To, co zobaczył, zszokowało go. Tam mieszkali ludzie! Dzieci biegające wokół, kobiety gotujące przy **ognisku...** To było jak scena z innej epoki.

Janusz nie wiedział, co robić. Chciał pomóc tym ludziom, ale **bał się,** że narazi ich na kłopoty. W końcu zdecydował się pójść do władz i powiedzieć

La città di Danzica

Un tempo la città di Danzica era una **metropoli** fiorente. Ma ora non è altro che l'ombra di se stessa. Le strade sono **vuote** e gli edifici sono fatiscenti. C'è un silenzio inquietante che avvolge la città come una coperta. Ma a Danzica c'è ancora vita. Negli edifici abbandonati, negli angoli nascosti della città, ci sono persone che si sono rifiutate di rinunciare alla loro casa. Si aggrappano alla speranza che un giorno Danzica possa risorgere e tornare a essere la grande città che era un tempo. Una di queste persone è Janusz Kowalski. Vive a Danzica da sempre e ricorda com'era prima che tutto crollasse. Ora passa le sue giornate a vagare per le strade, a raccogliere la **spazzatura** e a cercare di tenere in ordine le cose. Non è molto, ma è qualcosa che può fare per aiutare la sua **amata** città. Un giorno Janusz stava facendo il suo solito giro quando sentì un rumore provenire da uno degli edifici abbandonati. Si avvicinò con cautela e **sbirciò** all'interno. Ciò che vide lo sconvolse. C'erano persone che vivevano lì! Bambini che correvano, donne che cucinavano sul **fuoco...** Sembrava una scena d'altri tempi.

Janusz non sapeva cosa fare. Voleva aiutare queste persone, ma aveva **paura** di metterle nei guai. Alla fine decise di andare dalle autorità e di raccontare

im o **lokatorach**. Czy na pewno będą w stanie im pomóc? Ale kiedy Janusz poszedł do władz, te tylko go wyśmiały i powiedziały, że nic nie mogą zrobić. Zniechęcony Janusz wrócił do **obozu dla lokatorów** i opowiedział im, co się stało. Ludzie podziękowali mu za jego wysiłki, ale powiedzieli, że są przyzwyczajeni do ignorowania przez władze. Od lat udawało im się przetrwać na własną rękę i w najbliższym czasie nigdzie się nie wybierają. Janusz był zdumiony **odpornością** tych ludzi. Mimo wszystko wciąż walczyli o to, by ułożyć sobie życie. Zaczął ich regularnie odwiedzać, przynosząc jedzenie i zapasy, kiedy tylko mógł. Z czasem poznał ich lepiej i zaczął podziwiać ich **siłę**. Wśród tych wszystkich gruzów i ruin stworzyli swoją małą **społeczność.** Troszczyli się o siebie nawzajem i pomagali sobie.

Janusz zdał sobie sprawę, że tego właśnie potrzebuje Gdańsk - więcej takich ludzi, którzy są gotowi pomóc w odbudowie miasta od podstaw. W końcu wieść o obozie dla squatterów się rozniosła i coraz więcej osób zaczęło tam **mieszkać**. Puste niegdyś budynki znów wypełniły się życiem. Powoli, ale nieuchronnie Gdańsk zaczynał wychodzić z mrocznych czasów. Obecnie Gdańsk znów jest **kwitnącą** metropolią. Ulice są pełne ludzi, a budynki zostały wyremontowane. W powietrzu unosi się poczucie **nadziei**.

degli **abusivi**. Sicuramente sarebbero stati in grado di aiutarli. Ma quando Janusz andò dalle autorità, queste lo derisero e gli dissero che non potevano fare nulla. Sconfortato, Janusz tornò all'**accampamento degli** abusivi e raccontò l'accaduto. Gli abitanti lo ringraziarono per i suoi sforzi, ma dissero che erano abituati a essere ignorati dal governo. Erano sopravvissuti da soli per anni e non sarebbero andati da nessuna parte presto. Janusz rimase stupito dalla **resilienza** di queste persone. Nonostante tutto, stavano ancora lottando per costruirsi una vita. Iniziò a far loro visita regolarmente, portando cibo e provviste quando poteva. Con il tempo, ha imparato a conoscerli meglio e ad ammirare la loro **forza**. Gli abusivi avevano creato la loro piccola **comunità** in mezzo alle macerie e alle rovine. Si prendevano cura gli uni degli altri e si aiutavano a vicenda.

Janusz si rese conto che questo era ciò di cui Danzica aveva bisogno: più persone come queste, disposte ad aiutare a ricostruire la città dalle fondamenta. Alla fine si sparse la voce sul campo abusivo e sempre più persone iniziarono a **viverci**. Gli edifici, un tempo vuoti, ora erano di nuovo pieni di vita. Lentamente ma inesorabilmente, Danzica stava iniziando a riprendersi dai suoi giorni bui. La città di Danzica è ora di nuovo una metropoli **fiorente**. Le strade sono piene di gente e gli edifici sono stati riparati. C'è un senso di **speranza** nell'aria.

Pytania dotyczące rozumienia tekstu

1. Jak wygląda obecnie miasto Gdańsk?

2. Jak gdańszczanie czują się w swoim mieście?

3. Kim jest Janusz Kowalski?

4. Co zrobił Janusz, gdy zobaczył squattersów?

5. Dlaczego władze nie pomogły lokatorom?

6. Jak zareagowali mieszkańcy squatu, gdy Janusz powiedział im o władzach?

7. Co Janusz czuł wobec lokatorów?

8. Co zrobił Janusz, aby pomóc lokatorom?

9. Jak zmieniało się miasto Gdańsk na przestrzeni dziejów?

10. Kim są prawdziwi bohaterowie tej historii?

Domande di comprensione

1. Come si presenta oggi la città di Danzica?

2. Cosa pensano gli abitanti di Danzica della loro città?

3. Chi è Janusz Kowalski?

4. Cosa ha fatto Janusz quando ha visto gli abusivi?

5. Perché le autorità non hanno aiutato gli abusivi?

6. Come hanno reagito gli abusivi quando Janusz ha detto loro delle autorità?

7. Cosa pensava Janusz degli abusivi?

8. Cosa ha fatto Janusz per aiutare gli abusivi?

9. Come è cambiata la città di Danzica nel tempo?

10. Chi sono i veri eroi di questa storia?

Pierogi

To była ciemna i **burzliwa** noc. Pierożek, mały polski pierożek, trząsł się w swoim **łóżeczku** z liści kapusty. Został sam w zimnej, wilgotnej **piwnicy** i bardzo się bał. Nagle usłyszał kroki na schodach prowadzących w dół do piwnicy. Ktoś po niego szedł! Pierogi próbował schować się pod liście kapusty, ale było już za późno. Drzwi do piwnicy otworzyły się i wielka ręka chwyciła go za **kark**. Wyciągnięto go na światło dzienne i stanął twarzą w twarz z bardzo rozgniewaną kobietą. Kobieta krzyczała na Pierożka po polsku, domagając się odpowiedzi na pytanie, dlaczego ukrywa się w jej piwnicy. Pierogi wyjaśnił, że było mu **zimno,** był głodny i nie miał dokąd pójść. Serce kobiety nieco zmiękło, gdy zobaczyła, jak żałośnie wygląda ten mały pierożek, i postanowiła go przygarnąć. Kobieta nakarmiła Pierożka **gotowanymi** ziemniakami i marchewką, a następnie położyła go do łóżka obok własnych dzieci. Zasypiając, Pierogi myślał o tym, jakie miał szczęście, że ta miła kobieta przygarnęła go w tak ciemną i burzliwą noc.

Następnego ranka Pierogi obudził **śmiech**. Zerknął spod kołdry i zobaczył, że dzieci tej kobiety bawią się z nim. Ze starego **pudełka po butach** zrobiły dla niego małe łóżeczko i udawały, że karmią go kawałkami wymyślonego jedzenia. Pierogi był tak wzruszony

Pierogi

Era una notte buia e **tempestosa**. Pierogi, il piccolo gnocco polacco, tremava nel suo **letto** di foglie di cavolo. Era stato lasciato tutto solo nella **cantina** fredda e umida e aveva molta paura. All'improvviso, sentì dei passi sulle scale che portavano alla cantina. Qualcuno stava venendo a prenderlo! Pierogi cercò di nascondersi sotto le foglie di cavolo, ma era troppo tardi. La porta della cantina si aprì e una grande mano lo raggiunse e lo afferrò per la **collottola**. Fu tirato fuori alla luce e si trovò faccia a faccia con una donna dall'aria molto arrabbiata. La donna gridò a Pierogi in polacco, chiedendo di sapere perché si fosse nascosto nella sua cantina. Pierogi spiegò che aveva **freddo** e fame e non aveva un altro posto dove andare. Il cuore della donna si addolcì leggermente quando vide l'aspetto patetico del piccolo gnocco e decise di accoglierlo. La donna diede da mangiare a Pierogi delle patate e delle carote **bollite**, poi lo mise a letto accanto ai suoi figli. Mentre si addormentava, Pierogi pensò a quanto fosse fortunato che quella donna gentile lo avesse accolto in una notte così buia e tempestosa.

La mattina dopo, Pierogi si svegliò al suono delle **risate**. Sbirciò da sotto le coperte e vide che i figli della donna stavano giocando con lui. Gli avevano

dobrocią kobiety i jej dzieci, że zaczął płakać. Dzieci przerwały **zabawę** i podeszły do Pierożka, aby go pocieszyć, delikatnie głaskały go po głowie, a on z powrotem zasnął. Kiedy Pierogi obudził się ponownie, był już dzień. Kobiety i jej dzieci już nie było, ale zostawili mu na śniadanie talerz z pierogami. Pierożek był tak szczęśliwy, że zjadł wszystkie, a potem z pełnym brzuchem i ciepłym **sercem** wrócił do snu. Pierogi mieszkał z kobietą i jej dziećmi przez wiele lat i zawsze był szczęśliwy. Nigdy nie zapomniał ciemnej i burzliwej nocy, kiedy po raz pierwszy został przygarnięty, i każdego dnia był wdzięczny za **dobroć** swojej nowej rodziny.

Pewnego dnia, gdy Pierogi były już bardzo stare i **siwe,** dzieci kobiety dorosły i wyprowadziły **się**. Kobieta również przygotowywała się do przeprowadzki, aby zamieszkać ze swoją córką w innym mieście. Przyszła pożegnać się z Pierogiem i mocno go **uściskała**. Pierogi patrzył, jak kobieta odjeżdża, a potem wrócił do **domu**. Bez niej czuł się bardzo pusty, ale Pierogi wiedział, że sobie **poradzi**. Miał wiele szczęśliwych wspomnień z czasów spędzonych ze swoją pierwszą rodziną i był pewien, że czeka go jeszcze wiele dobrych chwil.

preparato un lettino con una vecchia **scatola di scarpe e facevano** finta di dargli da mangiare pezzi di cibo immaginario. Pierogi fu così toccato dalla gentilezza della donna e dei suoi bambini che iniziò a piangere. I bambini smisero di **giocare** e si avvicinarono per confortarlo, accarezzandogli delicatamente la testa mentre piangeva per riaddormentarsi. Quando Pierogi si svegliò di nuovo, era giorno. La donna e i suoi figli se ne erano andati, ma gli avevano lasciato un piatto di pierogi per colazione. Pierogi era così felice che li mangiò fino all'ultimo, poi tornò a dormire con la pancia piena e il **cuore** caldo. Pierogi visse con la donna e i suoi figli per molti anni e fu sempre felice. Non dimenticò mai la notte buia e tempestosa in cui fu accolto per la prima volta e ogni giorno era grato per la **gentilezza** della sua nuova famiglia.

Un giorno, quando Pierogi era molto vecchio e **grigio**, i figli della donna erano cresciuti e si erano **trasferiti**. Anche la donna si stava preparando a trasferirsi, per andare a vivere con la figlia in un'altra città. Venne a salutare Pierogi e lo **abbracciò** forte. Pierogi guardò la donna allontanarsi, poi tornò in **casa**. Si sentiva molto vuoto senza di lei, ma Pierogi sapeva che sarebbe andato **bene**. Aveva molti ricordi felici del periodo trascorso con la sua prima famiglia ed era sicuro che ci sarebbero stati molti altri bei momenti in futuro.

Pytania dotyczące rozumienia tekstu

1. Co robi Pierogi, gdy słyszy kroki schodzące do piwnicy?

2. Dlaczego kobieta była zła, gdy znalazła Pierogi w swojej piwnicy?

3. Co kobieta zrobiła dla Pierożka po tym, jak postanowiła go przygarnąć?

4. Jak czuł się Pierożek, gdy obudził się na dźwięk śmiechu?

5. Dlaczego Pierogi był wdzięczny swojej nowej rodzinie?

6. Kiedy Pierogi ponownie spotyka się z kobietą po jej wyprowadzce?

7. Co robi Pierogi, gdy kobieta przychodzi się pożegnać?

8. Jak się czuje Pierogi po wyjściu kobiety?

9. Co Pierogi robi z resztą swoich dni?

10. Dlaczego Pierogi nigdy nie zapomną o swojej rodzinie?

Domande di comprensione

1. Cosa fa Pierogi quando sente dei passi che scendono in cantina?

2. Perché la donna si arrabbiò quando trovò il Pierogi nella sua cantina?

3. Cosa fece la donna per Pierogi dopo aver deciso di accoglierlo?

4. Come si è sentito Pierogi quando si è svegliato al suono delle risate?

5. Perché Pierogi era grato alla sua nuova famiglia?

6. Quando Pierogi rivede la donna dopo il suo trasferimento?

7. Cosa fa Pierogi quando la donna viene a salutarlo?

8. Come si sente Pierogi dopo la partenza della donna?

9. Cosa fa Pierogi nel resto dei suoi giorni?

10. Perché Pierogi non dimenticherà mai la sua famiglia?

Solidarność

Na początku lat 80. w Polsce panował **chaos**. Po II wojnie światowej Związek Radziecki ustanowił w Polsce rząd komunistyczny, a ludzie byli **zmęczeni** uciskiem. Chcieli zmian. W sierpniu 1980 r. robotnicy w Stoczni Gdańskiej rozpoczęli strajk, protestując przeciwko warunkom pracy i niskim płacom. Lech Wałęsa, **elektryk w** stoczni, stał się przywódcą strajkujących. Pomógł on wynegocjować porozumienie z dyrekcją, które przewidywało podwyżki i poprawę warunków pracy. Wydarzenie to zapoczątkowało ogólnokrajowy ruch na rzecz reform, znany jako Solidarność. Przez ponad rok Solidarność walczyła o demokrację i prawa człowieka w Polsce. W grudniu 1981 r. rząd wprowadził stan wojenny, próbując w ten sposób **zdławić** ruch. Jednak Solidarność kontynuowała pokojową walkę o **reformy** przez całe lata 80., aż w końcu osiągnęła sukces w 1989 r., kiedy w całej Europie Wschodniej upadł komunizm. Był gorący letni dzień w Gdańsku, a stoczniowcy pocili się podczas pracy. Lech Wałęsa, elektryk, pracował na **suwnicy,** gdy usłyszał krzyki dochodzące z drugiej strony stoczni. Zszedł na dół, żeby zobaczyć, co się dzieje.

Grupa robotników zebrała się wokół brygadzisty, który krzyczał na nich. Brygadzista żądał, aby

Solidarność

Era l'inizio degli anni '80 in Polonia e il Paese era in pieno **fermento**. L'Unione Sovietica aveva insediato un governo comunista in Polonia dopo la Seconda Guerra Mondiale e la popolazione era **stanca** di essere oppressa. Volevano un cambiamento. Nell'agosto del 1980, gli operai dei cantieri navali di Danzica scioperarono per protestare contro le condizioni di lavoro e i bassi salari. Lech Wałęsa, un **elettricista** del cantiere, divenne il leader degli scioperanti. Contribuì a negoziare un accordo con la direzione che prevedeva aumenti e migliori condizioni di lavoro. Questo evento diede il via a un movimento nazionale di riforma noto come Solidarność (Solidarietà). Per oltre un anno, Solidarność si batté per la democrazia e i diritti umani in Polonia. Nel dicembre 1981, il governo impose la legge marziale nel tentativo di **schiacciare** il movimento. Tuttavia, Solidarność continuò a lottare pacificamente per le **riforme** per tutti gli anni '80, fino a raggiungere il successo nel 1989, quando il comunismo crollò in tutta l'Europa orientale. Era una calda giornata estiva a Danzica e gli operai del cantiere navale sudavano mentre lavoravano. Lech Wałęsa, un elettricista, stava lavorando su una **gru** quando sentì delle grida provenire dall'altro lato del cantiere. È sceso per vedere cosa stava succedendo.

wrócili do pracy, bo w przeciwnym razie odbierze im wynagrodzenie. Robotnicy byli wściekli i nie chcieli **ustąpić**. Wałęsa wystąpił do przodu i zapytał brygadzistę, co się dzieje. Brygadzista powiedział mu, że kierownictwo postanowiło obniżyć płace o 10 procent we **wszystkich zakładach**. Wałęsa nie mógł w to uwierzyć! Wiedział, że pracownicy nie mogą sobie pozwolić na kolejną obniżkę płac - wielu z nich już teraz walczy o przetrwanie. Wałęsa zwołał **zebranie pracowników,** a ci postanowili rozpocząć **strajk**. Wyznaczyli linie pikiet i zaczęli rozprzestrzeniać się po innych stoczniach w całej Polsce. Wkrótce strajki wybuchały w całym kraju. Rząd zareagował, wysyłając policję i **żołnierzy,** aby rozbić protesty. Jednak ludzie nie dali się uciszyć. Nie ustawali w walce o swoje prawa, nawet jeśli oznaczało to narażenie się na **przemoc** ze strony rządzących.

W grudniu 1981 r. wprowadzono stan wojenny, próbując raz na zawsze zdławić Solidarność. Lech Wałęsa został aresztowany, a wielu innych **zabito** lub uwięziono. Wyglądało na to, że ruch został pokonany. Ale Solidarność nie chciała się poddać. Jej członkowie kontynuowali pokojową walkę o reformy przez całe lata osiemdziesiąte, aż w końcu osiągnęli **sukces w** 1989 r., kiedy w całej Europie Wschodniej upadł komunizm.

Un gruppo di operai era riunito intorno a un caposquadra che li stava sgridando. Il caposquadra chiedeva che tornassero al lavoro o avrebbe tolto loro la paga. Gli operai erano arrabbiati e si rifiutavano di **cedere**. Wałęsa si fece avanti e chiese al caporeparto cosa stesse succedendo. Il caporeparto gli disse che la direzione aveva deciso di tagliare i salari del 10% su tutta la **linea**. Wałęsa non poteva crederci! Sapeva che gli operai non potevano permettersi un'altra riduzione di stipendio: molti stavano già lottando per tirare avanti. Wałęsa convocò una **riunione** dei lavoratori, che decisero di **scioperare**. Istituirono dei picchetti e iniziarono a diffondere la notizia in altri cantieri navali della Polonia. Ben presto gli scioperi scoppiarono in tutto il Paese. Il governo rispose inviando polizia e **soldati** per sedare le proteste. Tuttavia, le persone non si sarebbero fatte zittire. Continuarono a lottare per i loro diritti, anche quando ciò significava affrontare la **violenza** di chi era al potere.

Nel dicembre 1981 fu imposta la legge marziale nel tentativo di schiacciare Solidarność una volta per tutte. Lech Wałęsa fu arrestato e molti altri furono **uccisi** o imprigionati. Sembrava che il movimento fosse stato sconfitto. Ma Solidarność rifiutò di arrendersi. I suoi membri continuarono a lottare pacificamente per le riforme per tutti gli anni '80, fino a raggiungere il **successo** nel 1989, quando il comunismo crollò in tutta l'Europa orientale.

Pytania dotyczące rozumienia tekstu

1. Jak nazywał się ruch, który walczył o demokrację i prawa człowieka w Polsce?

2. W którym roku zaczęto wprowadzać stan wojenny, próbując zdławić ruch?

3. Kto stał na czele ruchu "Solidarność"?

4. Przeciwko czemu protestowali robotnicy, podejmując strajk?

5. Dlaczego w odpowiedzi rząd wysłał policję i żołnierzy w celu rozbicia protestów?

6. Jakie porozumienie pomógł wynegocjować Lech Wałęsa z kierownictwem?

7. O co walczył naród polski?

8. Co wydarzyło się w 1989 roku?

9. Jakie jest dziedzictwo ruchu Solidarność?

10. Czym żyje duch Solidarności w sercach tych, którzy walczą o lepszy świat?

Domande di comprensione

1. Come si chiamava il movimento che si batteva per la democrazia e i diritti umani in Polonia?

2. In quale anno iniziò ad essere imposta la legge marziale nel tentativo di schiacciare il movimento?

3. Chi era il leader del movimento Solidarność?

4. Per cosa protestavano i lavoratori quando hanno scioperato?

5. Perché il governo ha risposto inviando polizia e soldati per disperdere le proteste?

6. Quale accordo Lech Wałęsa ha aiutato a negoziare con la direzione?

7. Per cosa combatteva il popolo polacco?

8. Cosa è successo nel 1989?

9. Qual è l'eredità del movimento di Solidarność?

10. Che cosa vive lo spirito di solidarietà nei cuori di coloro che lottano per un mondo migliore?

Kraków

Kraków był kiedyś tętniącym życiem miastem, pełnym życia i **energii**. Teraz jednak jest cieniem dawnego siebie. Ulice są puste, budynki **się rozpadają**, a jedynym dźwiękiem jest wiatr hulający po opustoszałych ulicach. Nie zawsze tak było. Jeszcze kilka lat temu Kraków kwitł. Ale potem przyszła **wojna**. A wraz z nią śmierć i zniszczenie. Miasto zostało zbombardowane bezlitośnie, aż pozostały po nim tylko gruzy i popiół. Teraz jest to miasto duchów, pamiątka po tym, co było kiedyś. Ale są jeszcze ludzie, którzy nie chcą się poddać. Wciąż żyją w ruinach, zdecydowani odbudować swoje miasto i sprawić, by znów kwitło. Jedną z takich osób jest Janina. **Urodziła** się i wychowała w Krakowie, i kocha swoje miasto całym sercem. Każdego dnia niestrudzenie pracuje przy usuwaniu **gruzów** i naprawianiu tego, co da się naprawić. To **powolny** proces, ale nie przeszkadza jej to, bo wie, że pewnego dnia Kraków znów powstanie.

Pewnego dnia Janina pracuje przy oczyszczaniu fragmentu ulicy, gdy słyszy **hałas**. Rozgląda się, ale nikogo tam nie ma. Wzrusza ramionami i wraca do pracy, ale hałas jest coraz głośniejszy. W końcu nie wytrzymuje, musi zobaczyć, co to za dźwięk. Podąża za hałasem, aż dociera do małego **otworu** w ziemi.

Cracovia

Un tempo Cracovia era una città vivace, piena di vita e di **energia**. Ma ora è l'ombra di se stessa. Le strade sono vuote, gli edifici sono **fatiscenti** e l'unico suono è il vento che soffia nelle strade deserte. Non è sempre stato così. Solo pochi anni fa, Cracovia era fiorente. Ma poi è arrivata la **guerra**. E con essa, morte e distruzione. La città fu bombardata senza pietà finché non rimasero che macerie e ceneri. Ora è una città fantasma, un ricordo di ciò che è stato. Ma ci sono ancora persone che si rifiutano di rinunciare a Cracovia. Continuano a vivere tra le rovine, determinati a ricostruire la loro città e a farla prosperare di nuovo. Una di queste persone è Janina. È **nata** e cresciuta a Cracovia e ama la sua città con tutto il cuore. Ogni giorno lavora instancabilmente per rimuovere le **macerie** e riparare ciò che può essere riparato. È un processo **lento**, ma non le importa perché sa che un giorno Cracovia risorgerà.

Un giorno, Janina sta lavorando per ripulire un tratto di strada quando sente un **rumore**. Si guarda intorno, ma non c'è nessuno. Scrolla le spalle e torna al lavoro, ma il rumore continua ad aumentare. Alla fine non ce la fa più: deve vedere cosa sta producendo quel rumore. Segue il rumore finché non arriva a una piccola

Wygląda to jak jakiś tunel. I wtedy słyszy go ponownie: słaby **głos** wołający o pomoc. Janina bez wahania schodzi w głąb tunelu. Jest ciemny, ciasny, pełen zakrętów i zawijasów. Ale nie zatrzymuje się, bo ktoś potrzebuje jej pomocy. Po godzinach czołgania się w ciemnościach Janina dociera w końcu do małej komory, w której uwięziona jest **osoba.** Jest ranna i odwodniona, ale żyje. Z pomocą Janiny udaje im się wydostać z tunelu i wrócić do miasta. “Myśleliśmy, że wszyscy nas opuścili - mówią słabo - ale wy wróciliście po nas”. Ale wy wróciliście po nas.” “Nigdy nie mogłabym opuścić swojego domu” - odpowiada z uśmiechem Janina. I od tej **chwili** wie, że Kraków nigdy nie będzie naprawdę stracony, dopóki są ludzie, którym zależy na nim na **tyle,** by walczyć o jego przetrwanie.

Obecnie Kraków powoli, ale nieubłaganie wraca do życia. Janina i inni **mieszkańcy** niestrudzenie pracowali nad jego **odbudową**, a ich wysiłki wreszcie zaczynają przynosić efekty. Miasto nadal jest dalekie od tego, czym było kiedyś, ale nie jest już miastem duchów. Znów mieszkają tu ludzie, a firmy zaczynają się otwierać. Przed nami długa **droga**, ale Janina wie, że dzięki niej Kraków znów będzie **tętnił życiem**. Janina pracuje nad nowym projektem, który ma pomóc w rewitalizacji miasta. Rozwiesza w całym mieście ulotki reklamujące **ogród** społeczny, który zakłada.

apertura nel terreno. Sembra una specie di tunnel. E poi lo sente di nuovo: una **voce** flebile che chiede aiuto. Senza esitare, Janina si cala nel tunnel. È buio, angusto e pieno di curve. Ma non si ferma perché qualcuno ha bisogno del suo aiuto. Dopo aver strisciato per ore nell'oscurità, Janina giunge finalmente a una piccola camera dove la **persona** è intrappolata. È ferita e disidratata, ma è viva. Con l'aiuto di Janina, riescono a uscire dal tunnel e a tornare in città. "Pensavamo che tutti ci avessero abbandonato", dicono debolmente. Ma tu sei tornata per noi". "Non potrei mai abbandonare la mia casa", risponde Janina con un sorriso. E da quel **momento** sa che Cracovia non sarà mai veramente perduta, finché ci saranno persone che le vogliono bene **al punto** da lottare per la sua sopravvivenza.

In questi giorni, Cracovia sta lentamente ma inesorabilmente tornando alla vita. Janina e gli altri **residenti** hanno lavorato instancabilmente per **ricostruirla** e i loro sforzi stanno finalmente iniziando a dare i loro frutti. La città è ancora lontana da quella che era una volta, ma non è più una città fantasma. Ci sono di nuovo persone che vivono qui e le attività commerciali stanno iniziando ad aprire. La **strada è** lunga, ma Janina sa che alla fine Cracovia tornerà a **prosperare**. Janina sta lavorando a un nuovo progetto per contribuire a rivitalizzare la città. Sta affiggendo volantini in tutta la città per pubblicizzare un **orto** comunitario che sta avviando.

Pytania dotyczące rozumienia tekstu

1. Jak wyglądał Kraków przed wojną?

2. Jak wojna wpłynęła na Kraków?

3. Kim jest Janina?

4. Jaki jest cel Janiny?

5. Co robi Janina, gdy słyszy hałas?

6. Skąd dochodzi hałas?

7. Kto jest uwięziony w tunelu?

8. Co Janina sądzi o przyszłości Krakowa?

9. Jaki jest nowy projekt Janiny?

10. Co czuje Janina, gdy idzie ulicami miasta?

Domande di comprensione

1. Com'era Cracovia prima della guerra?

2. Come ha influito la guerra su Cracovia?

3. Chi è Janina?

4. Qual è l'obiettivo di Janina?

5. Cosa fa Janina quando sente un rumore?

6. Da dove proviene il rumore?

7. Chi è intrappolato nel tunnel?

8. Cosa pensa Janina del futuro di Cracovia?

9. Qual è il nuovo progetto di Janina?

10. Come si sente Janina mentre cammina per le strade?

Na plaży

Po wschodzie słońca fale są głośniejsze, a piasek nad odpływem jest biały. Schodzę na plażę, **podziwiając** morze i słońce. Moje palce czują żłobienia muszelek. Piasek jest zimny na moich palcach. Uśmiecham się i idę dalej. Przypływ jest duży, więc muszę uważać, żeby nie dać się wciągnąć. Idę wzdłuż brzegu wody, podziwiając morze. Wschód słońca jest **piękny**, a fale rozbijają się o brzeg. Czuję się tak spokojnie. Dochodzę do miejsca, gdzie znajduje się wychodnia skalna. Siadam i patrzę na fale. Woda jest taka niebieska, a niebo takie **pomarańczowe**. Czuję się jak we śnie. Zamykam oczy i wsłuchuję się w szum fal. Siedziałem tam długo, aż usłyszałem, że ktoś woła moje imię.

Otwieram oczy i widzę mamę, która idzie w moją stronę. Ma zmartwiony wyraz twarzy. Uśmiecham się i macham, a ona się **rozluźnia**. "Zastanawiałam się, dokąd poszedłeś" - mówi. "Cieszę się, że dobrze się bawisz na plaży". Odpowiadam: "Tak." "Jest tu tak pięknie." "Wiem," mówi. "Kiedy byłam w twoim wieku, ciągle tu przyjeżdżałam". "Naprawdę?" pytam. "Tak" - odpowiada. "To wyjątkowe miejsce." "Czy spotkałaś tu kiedyś kogoś wyjątkowego?" pytam. "Tak" - odpowiada z uśmiechem. "Twojego ojca." "Naprawdę?" mówię **zaskoczony**. "Tak," mówi. "Przychodziliśmy tu razem

In spiaggia

Dopo l'alba, le onde sono più forti e la sabbia sopra la marea è bianca. Cammino verso la spiaggia, **ammirando** il mare e il sole. Le mie dita dei piedi sentono i solchi delle conchiglie. La sabbia è fredda sulle dita dei piedi. Sorrido e continuo a camminare. La marea è alta, quindi devo fare attenzione a non farmi trascinare. Cammino lungo la riva, ammirando il mare. L'alba è **bellissima** e le onde si infrangono. Mi sento così in pace. Arrivo a un punto in cui c'è una roccia affiorante. Mi siedo e guardo le onde. L'acqua è così blu e il cielo è così **arancione**. Mi sembra di essere in un sogno. Chiudo gli occhi e ascolto le onde. Rimasi seduto lì per molto tempo, finché non sentii qualcuno che chiamava il mio nome.

Apro gli occhi e vedo mia madre che viene verso di me. Ha un'espressione preoccupata. Le sorrido e la saluto, e lei **si rilassa**. "Mi chiedevo dove fossi andata", dice. "Sono contenta che ti stia godendo la spiaggia". Io rispondo: "Lo sto facendo". "È così bello qui". "Lo so", dice. "Venivo sempre qui quando avevo la tua età". "Davvero?" Chiedo. "Sì", risponde. "È un posto speciale". "Hai mai incontrato qualcuno di speciale qui?". Le chiedo. "Sì", risponde sorridendo. "Tuo padre". "Davvero?" Dico, **sorpreso**. "Sì", dice

przez cały czas. Tu się zakochaliśmy. “Uśmiecham się, **wyobrażając sobie, jak** moi rodzice zakochują się na tej pięknej plaży. “To wyjątkowe miejsce” - powtarza. “Cieszę się, że tu dziś przyjechaliście”.

Siedzimy tam jeszcze przez chwilę, **obserwując** fale i zachód słońca. Potem wstajemy i wracamy do naszych plażowych ręczników. Ja kładę się i patrzę w gwiazdy. Czuję się taka szczęśliwa i zadowolona. Fale są teraz głośniejsze, a piasek zimny. Słońce zachodzi i wieje chłodna bryza. Fale rozbijają się o brzeg, a w powietrzu unosi się zapach soli. To idealny wieczór na plażę. Spaceruję wzdłuż brzegu, **wsłuchując się w** szum fal i obserwując zachód słońca. Widzę grupę ludzi siedzących na piasku, śmiejących się i żartujących. Wygląda na to, że świetnie się bawią. Podchodzę do nich i pytam, czy mogę do nich dołączyć. Zgodzili się i spędziliśmy resztę wieczoru, rozmawiając, śmiejąc się i oglądając zachód **słońca**. To jest doskonały wieczór. Razem z grupą rozmawiamy aż do zachodu słońca. Dzielimy się opowieściami i żartami, wszyscy świetnie się bawimy. Gdy noc zaczyna zapadać, wszyscy zaczynamy odczuwać zmęczenie. Całujemy się na **pożegnanie** i rozstajemy. Wracam do hotelu, czuję się szczęśliwa i zadowolona. Nie mogę uwierzyć, jak pięknie tu jest. Jestem szczęśliwa, że mogłam tego **doświadczyć**.

lei. “Venivamo sempre qui insieme. È qui che ci siamo innamorati. “Sorrido, **immaginando i** miei genitori che si innamorano su questa bellissima spiaggia. “È un posto speciale”, ripete. “Sono felice che siate venuti qui oggi”.

Rimaniamo seduti ancora per un po’ a **guardare** le onde e il tramonto. Poi ci alziamo e torniamo ai nostri teli da mare. Mi sdraio e guardo le stelle. Mi sento così felice e soddisfatta. Le onde ora sono più forti e la sabbia è fredda. Il sole sta tramontando e soffia una brezza fresca. Le onde si infrangono sulla riva e nell’aria si sente l’odore del sale. È una serata perfetta per stare in spiaggia. Cammino lungo la riva, **ascoltando** il suono delle onde e guardando il tramonto. Vedo un gruppo di persone sedute sulla sabbia che ridono e scherzano. Sembra che si stiano divertendo molto. Mi avvicino a loro e chiedo se posso unirmi a loro. Mi rispondono di sì e passiamo il resto della serata a parlare, ridere e guardare il **tramonto**. È una serata perfetta. Io e il gruppo parliamo fino al tramonto. Condividiamo storie e battute e ci divertiamo molto. Quando la notte inizia a calare, cominciamo tutti a sentirci stanchi. Ci **salutiamo** con un bacio e ci separiamo. Torno al mio hotel, felice e soddisfatta. Non riesco a credere a quanto sia bello qui. Sono così fortunata ad averlo **vissuto**.

Pytania dotyczące rozumienia tekstu

1. Dokąd udaje się narratorka po przebudzeniu?

2. Czym zachwyca się narratorka, spacerując po plaży?

3. Na co musi uważać narratorka podczas spaceru po plaży?

4. Gdzie siada narrator, aby podziwiać widok?

5. Jak długo narrator tam siedzi?

6. Kogo widzi narratorka, gdy ponownie otwiera oczy?

7. Co mówi matka narratora?

8. O czym rozmawiają narratorka i ludzie, których spotyka?

Domande di comprensione

1. Dove va la narratrice dopo essersi svegliata?

2. Che cosa ammira la narratrice mentre cammina lungo la spiaggia?

3. A che cosa deve fare attenzione la narratrice mentre cammina lungo la spiaggia?

4. Dove si siede il narratore per godersi il panorama?

5. Per quanto tempo il narratore rimane seduto lì?

6. Chi vede la narratrice quando riapre gli occhi?

7. Cosa dice la madre del narratore?

8. Di che cosa parlano il narratore e le persone che incontra?

Kemping nad jeziorem

Idę w stronę jeziora, **podziwiając** spokój tego miejsca. Słońce świeci nad małym jeziorem, sprawiając, że woda wygląda jak tafla szkła. Jedynym ruchem jest sporadyczne falowanie ryby **przełamującej** powierzchnię. Nawet ptaki wydają się odpoczywać od upału, a powietrze wypełnia jedynie dźwięk cykad. **Nagle** spokój przerywa głośny plusk. Duża **ryba** wyskakuje z wody, próbując złapać ważkę. Ryba nie trafia w cel i z pluskiem wpada z powrotem do wody. “Wow”, myślę sobie, “to była duża ryba!”. Rozejrzałem się, czy nikt inny jej nie widział, ale nikogo nie było w pobliżu. Chyba będę musiał im o tym powiedzieć po powrocie do obozu”.

Upał jest **uciążliwy**, trudno oddychać. Powietrze jest gęste i ciężkie, jak owinięty wokół ciebie koc. Jedyną ulgę przynosi woda. Jest chłodna i orzeźwiająca, jak zimny napój w upalny dzień. Biorę głęboki oddech i zanurzam się w wodzie. Ulga jest natychmiastowa, bo otacza mnie chłodna woda. Płynę do dna, a potem wypływam na powierzchnię, czując, jak woda chłodzi moje ciało. Kontynuuję **pływanie**, ciesząc się chwilą wytchnienia od upału. Po pewnym czasie wychodzę

Campeggio al lago

Cammino verso il lago, **ammirando** la tranquillità della scena. Il sole batte sul piccolo lago, facendo sembrare l'acqua una lastra di vetro. L'unico movimento è l'increspatura occasionale di un pesce **che rompe** la superficie. Anche gli uccelli sembrano prendersi una pausa dal caldo, con il solo suono delle cicale che riempie l'aria. **All'improvviso**, la pace è rotta da un forte tonfo. Un grosso **pesce** è saltato fuori dall'acqua, cercando di catturare una libellula. Il pesce manca il bersaglio e ricade in acqua con un tonfo. "Wow", penso tra me e me, "quello era un pesce grosso!". Mi guardai intorno per vedere se qualcun altro l'avesse visto, ma non c'era nessuno. Immagino che dovrò raccontarlo quando tornerò al campo.

Il caldo è **opprimente** e rende difficile respirare. L'aria è densa e pesante, come una coperta che ti avvolge. L'unico sollievo è l'acqua. È fresca e rinfrescante, come una bibita fresca in una giornata calda. Faccio un respiro profondo e mi immergo nell'acqua. Il sollievo è immediato quando l'acqua fresca mi circonda. Nuoto fino al fondo e poi risalgo in superficie, sentendo l'acqua rinfrescare il mio corpo. Continuo a **nuotare** a vasche, godendomi la tregua dal caldo. Dopo un

z wody i kładę się na trawie, pozwalając, aby słońce osuszyło moje ciało. Zamykam oczy i odpływam w sen, a dźwięk **cykad wprowadza** mnie w głęboki sen. Pozwalam słońcu wypalić wodę z mojej skóry. Czuję, że moja skóra robi się czerwona, ale nie dbam o to. Jest mi zbyt gorąco, by się tym przejmować. Następną rzeczą, jaką pamiętam, jest zachodzące słońce. Niebo ma piękny pomarańczowy kolor ze smugami różu i fioletu. Upał zniknął, zastąpiony przez chłodną **bryzę**.

Wstaję i zakładam ubranie, czuję się odświeżona i odmłodzona. Biorę głęboki **wdech** chłodnego powietrza i uśmiecham się. Dobrze jest być żywym. Wracam do obozowiska, podziwiając, jak kolory tańczą na niebie. W oddali widzę płonące ognisko, a w powietrzu czuję zapach dymu. Uśmiecham się i **przyspieszam** kroku. Jestem gotowa, by się zrelaksować i cieszyć się resztą wieczoru. Wchodzę na kemping i widzę, że wszyscy zgromadzili się wokół ogniska. **Śmieją** się i żartują, a w ich oczach odbija się ogień. Uśmiecham się i siadam obok moich przyjaciół. Dobrze jest być z powrotem. Następnego ranka budzę się wcześnie i zaczynam pakować swoje rzeczy. Nie mogę się doczekać powrotu na szlak i kontynuowania podróży. Żegnam się z przyjaciółmi i ruszam w drogę. Idąc, po raz ostatni spoglądam na **kemping**. W oddali widzę wciąż płonące ognisko, a w powietrzu czuć zapach dymu. Uśmiecham się i przyspieszam kroku. Jestem gotowy do dalszej **wędrówki**.

po' esco dall'acqua e mi sdraio sull'erba, lasciando che il sole asciughi il mio corpo. Chiudo gli occhi e mi addormento, mentre il suono delle **cicale** mi culla in un sonno profondo. Lascio che il sole scrosti l'acqua dalla mia pelle. Sento la pelle arrossarsi, ma non mi importa. Sono troppo accaldato per preoccuparmene. Il cielo è di un bellissimo arancione, con striature di rosa e viola. Il caldo è scomparso, sostituito da una fresca **brezza**.

Mi alzo e mi rivesto, sentendomi rinfrescata e ringiovanita. **Respiro** profondamente l'aria fresca e sorrido. È bello essere vivi. Torno al campeggio, ammirando il modo in cui i colori danzano nel cielo. Vedo il fuoco che arde in lontananza e sento l'odore del fumo nell'aria. Sorrido e **accelero il** passo. Sono pronto a rilassarmi e a godermi il resto della serata. Entro nel campeggio e vedo che tutti sono riuniti intorno al fuoco. **Ridono** e scherzano e posso vedere il fuoco riflesso nei loro occhi. Sorrido e mi siedo accanto ai miei amici. È bello essere tornati. La mattina dopo mi sveglio presto e comincio a raccogliere le mie cose. Sono impaziente di riprendere il cammino e continuare il mio viaggio. Saluto i miei amici e mi incammino. Mentre cammino, do un'ultima occhiata al **campeggio**. Vedo il fuoco ancora acceso in lontananza e sento l'odore del fumo nell'aria. Sorrido e accelero il passo. Sono pronto a continuare il mio **viaggio**.

Pytania dotyczące rozumienia tekstu

1. Dokąd zmierza piechur?

2. Jaka jest pogoda?

3. Jak wygląda woda?

4. Jak piechur reaguje na ciepło?

5. Co robi ryba?

6. Dlaczego spacerowicz jest sam?

7. Jakie wrażenie robi woda?

8. Jak się czuje piechur po pływaniu?

9. O jakiej porze dnia budzi się piechur?

10. Dokąd idzie wędrowiec, gdy opuszcza obóz?

Domande di comprensione

1. Dove sta andando il camminatore?

2. Che tempo fa?

3. Che aspetto ha l'acqua?

4. Come reagisce il deambulatore al calore?

5. Cosa sta facendo il pesce?

6. Perché il camminatore è solo?

7. Come si sente l'acqua?

8. Come si sente il camminatore dopo il nuoto?

9. A che ora del giorno si sveglia il deambulatore?

10. Dove va l'ambulante quando lascia il campo?

Dom

W zeszłym tygodniu wprowadziłam się do nowego domu i jestem taka **podekscytowana**! Jest o wiele większy niż mój stary i ma duże podwórko. Nie mogę się doczekać, kiedy będę mogła zapraszać przyjaciół na grilla i imprezy. Moją **ulubioną** częścią jest moja nowa sypialnia. Jest taka duża i jasna, a ja mam w niej dużo miejsca na swoje rzeczy. Jestem bardzo zadowolona z mojego nowego domu i myślę, że będę tu bardzo szczęśliwa. Postanowiłem jeszcze trochę pozwiedzać dom. Weszłam na drugie piętro i zaczęłam iść do kuchni, kiedy zobaczyłam wielkiego czarnego pająka na ścianie! Krzyknęłam i zbiegłam na dół. Tak bardzo się **bałam**! Ale po kilku minutach uspokoiłem się i postanowiłem wrócić na górę. Powoli dotarłem do kuchni i zobaczyłem, że pająka już nie ma. Bardzo mi ulżyło! Wróciłem na dół i postanowiłem wyjść na zewnątrz, aby zbadać **podwórko**. Był taki duży! Nie mogłem w to uwierzyć. W rogu widziałem huśtawkę i zjeżdżalnię. Zobaczyłem też siatkę do koszykówki i **trampolinę**. Byłem taki podekscytowany!

Nie mogę się doczekać, kiedy użyję tych wszystkich nowych rzeczy. **Sąsiedzi** przyszli i przedstawili się. Wydawali się bardzo mili i przez chwilę rozmawialiśmy. Zaprosili mnie na grilla w następny weekend, a

La casa

La settimana scorsa mi sono trasferita nella mia nuova casa e sono così **entusiasta**! È molto più grande di quella vecchia e ha un grande cortile. Non vedo l'ora di invitare gli amici per grigliate e feste. La mia parte **preferita** è la mia nuova camera da letto. È così grande e luminosa e ho molto spazio per mettere tutte le mie cose. Sono molto contenta della mia nuova casa e penso che sarò molto felice qui. Ho deciso di esplorare ancora un po' la casa. Sono salita al secondo piano e ho iniziato a dirigermi verso la cucina quando ho visto un grosso ragno nero sul muro! Ho urlato e sono corsa di sotto. Ero così **spaventata**! Ma dopo qualche minuto mi sono calmata e ho deciso di tornare di sopra. Mi sono avvicinata lentamente alla cucina e ho visto che il ragno non c'era più. Ero così sollevata! Tornai al piano di sotto e decisi di uscire per esplorare il **giardino**. Era così grande! Non potevo crederci. Vidi un'altalena in un angolo e uno scivolo. Vidi anche una rete da basket e un **trampolino**. Ero così eccitato!

Non vedo l'ora di usare tutto questo nuovo materiale. I **vicini sono** venuti e si sono presentati. Sembravano molto gentili e abbiamo parlato per un po'. Mi hanno invitato al loro barbecue il prossimo fine settimana e ho detto che mi sarebbe piaciuto venire. La prima

ja powiedziałam, że z przyjemnością przyjdę. Pierwszy tydzień w nowym domu był wspaniały i jestem podekscytowana nowymi przygodami, które mnie czekają. Dziś znów zamierzam poszperać na podwórku i zobaczyć, co jeszcze uda mi się znaleźć. Kto wie, może nawet znajdę jakiś **skarb**. Nie mogę się doczekać, co przyniesie następny tydzień! W następnym tygodniu znów poszedłem na podwórko i znalazłem **tajemniczy** ogród. Był taki piękny! Wszędzie były kwiaty i mały staw z rybkami. Zobaczyłam też huśtawkę, której wcześniej nie widziałam. Byłem bardzo podekscytowany, że znalazłem ten tajemniczy ogród i nie mogę się doczekać, aby go jeszcze odkryć. To było takie **piękne**!

Wszędzie były kwiaty i mały staw z rybkami. Zobaczyłam też **huśtawkę,** której wcześniej nie widziałam. Byłem bardzo podekscytowany, że znalazłem ten tajemniczy ogród i nie mogę się doczekać, aby go jeszcze odkryć. Bardzo podobał mi się mój nowy pokój. Był taki duży i jasny, a na ścianach wisiały już plakaty moich ulubionych zespołów. Nie musiałam nawet przynosić żadnych **mebli**, ponieważ było tam już łóżko, komoda i biurko. To będzie najlepszy rok w moim życiu! Trochę się denerwowałam, że zaczynam naukę w nowej **szkole,** ale wszyscy moi nowi sąsiedzi są bardzo przyjaźni. Poznałam nawet dziewczynę, która mieszka obok, i powiedziała, że pierwszego dnia pójdzie ze mną do szkoły na piechotę.

settimana nella mia nuova casa è stata fantastica e sono entusiasta di tutte le nuove avventure che mi aspettano. Oggi andrò di nuovo a esplorare il cortile per vedere cos'altro riesco a trovare. Chissà, forse troverò anche un **tesoro**. Non vedo l'ora di vedere cosa mi porterà la prossima settimana! La settimana successiva sono andata di nuovo in esplorazione nel cortile e ho trovato un giardino **segreto**. Era così bello! C'erano fiori dappertutto e un laghetto con i pesci. Ho visto anche un'altalena che non avevo mai visto prima. Ero così entusiasta di aver trovato questo giardino segreto e non vedo l'ora di esplorarlo ancora. Era così **bello**!

C'erano fiori dappertutto e un laghetto con dei pesci. Ho anche visto un'**altalena** che non avevo mai visto prima. Ero così entusiasta di aver trovato questo giardino segreto e non vedo l'ora di esplorarlo meglio. Mi è piaciuta molto anche la mia nuova stanza. Era così grande e luminosa e sulle pareti c'erano già i poster delle mie band preferite. Non ho nemmeno dovuto portare i miei **mobili**, perché c'erano già un letto, una cassettiera e una scrivania. Questo sarà l'anno migliore di sempre! Ero un po' nervosa all'idea di iniziare una nuova **scuola**, ma tutti i miei nuovi vicini sono stati così amichevoli. Ho persino conosciuto una ragazza che abita nella casa accanto e ha detto che verrà a scuola con me il primo giorno.

Pytania dotyczące rozumienia tekstu

1. Gdzie mieszka dana osoba?

2. Jak osobie podoba się w nowym domu?

3. Jaka jest ulubiona część nowego domu?

4. Co osoba znalazła w ogrodzie?

5. Kim są sąsiedzi?

6. Jak wyglądały pierwsze dni osoby w nowym domu?

7. Jaka jest ulubiona część nowego pokoju?

8. Co dana osoba planuje robić jutro?

9. Co było najlepsze w pierwszym tygodniu pobytu w nowym domu?

10. Co znajduje się w nowym pokoju tej osoby?

Domande di comprensione

1. Dove vive la persona?

2. Come si trova la persona nella nuova casa?

3. Qual è la parte preferita della nuova casa?

4. Che cosa ha trovato la persona nel giardino?

5. Chi sono i vicini?

6. Come sono stati i primi giorni nella nuova casa?

7. Qual è la parte preferita della nuova stanza?

8. Che cosa ha intenzione di fare domani?

9. Qual è stata la parte migliore della prima settimana nella nuova casa?

10. Che cosa c'è nella nuova stanza della persona?

W pociągu

Pobiegłem na dworzec kolejowy, ale było za późno. Pociąg odjechał już beze mnie. Byłam **zła** i **rozczarowana** sobą. Planowałam pojechać pociągiem, aby odwiedzić dziadków, którzy mieszkają na wsi, ale teraz musiałam czekać całą godzinę na następny pociąg. Zamiast tego postanowiłem przejść się trochę po mieście i spróbować zapomnieć o straconej szansie. Podczas spaceru zacząłem **marzyć** o wszystkich miejscach, do których mogą zabrać nas **pociągi**. Nagle przestałem się tak bardzo denerwować. Wracam na stację i nie mogę nie zauważyć dużej czerwono-biało-niebieskiej lokomotywy, która zmierza w moją stronę. Dopiero gdy widzę **konduktora** machającego do mnie z okna, uświadamiam sobie, że ten pociąg jest dla mnie. Wsiadam do pociągu, zajmuję miejsce i czekam na to, co zapowiada się na długą podróż.

Kiedy wyjeżdżamy ze stacji, nie mogę przestać się zastanawiać, dokąd zabierze mnie ten pociąg. Przez zielone **pola** i błękitne rzeki, przez góry i doliny - nie wiadomo, dokąd pojedzie ten stary pociąg. Gdy zaczyna zapadać noc, zapadam w **spokojny** sen, kołysany **rytmicznym** ruchem wagonów na torach poniżej. Kiedy nadchodzi ranek, otwieram oczy i widzę, że dotarliśmy do małego miasteczka, gdzieś

Sul treno

Corsi alla stazione ferroviaria, ma ero troppo in ritardo. Il treno era già partito senza di me. Mi sentivo così **arrabbiata** e **delusa** con me stessa. Avevo intenzione di prendere il treno per andare a trovare i miei nonni che vivono in campagna, ma ora avrei dovuto aspettare un'ora intera per il treno successivo. Decisi invece di passeggiare un po' per la città, cercando di dimenticare l'occasione persa. Mentre camminavo, ho iniziato a **sognare a occhi aperti** tutti i luoghi in cui il **treno** può portarti. Improvvisamente, non ero più così arrabbiata. Rientro in stazione e non posso fare a meno di notare la grande locomotiva rossa, bianca e blu che si dirige verso di me. Solo quando vedo il **capotreno che** mi saluta dal finestrino capisco che quel treno è per me. Salgo sul treno e trovo il mio posto, sistemandomi per quello che si preannuncia un lungo viaggio.

Mentre usciamo dalla stazione, non posso fare a meno di chiedermi dove mi porterà questo treno. Attraverso **campi** verdi e fiumi blu, passando per montagne e valli, non si sa dove andrà questo vecchio treno. Quando inizia a calare la notte, mi addormento in un sonno **tranquillo**, cullato dal movimento **ritmico** dei vagoni sui binari sottostanti. Quando arriva il mattino, apro gli occhi e scopro che siamo arrivati in una piccola città

pośrodku niczego. Słońce dopiero przebija się przez horyzont, a mieszkańcy zaczynają się zbierać na głównej ulicy; wygląda to jak każdy inny dzień, z wyjątkiem jednej rzeczy - w pobliżu ratusza widnieje duży znak z napisem “Witamy na pokładzie!”. Wygląda na to, że to małe miasteczko czekało na nas, mimo że jesteśmy tylko zwykłym pociągiem **pasażerskim** przejeżdżającym w drodze do innego miejsca. Gdy po raz kolejny zostawiamy miasto za sobą, pędząc nie wiadomo dokąd, uśmiecham się do wszystkich przyjaznych twarzy machających na pożegnanie z małych domków położonych wśród **pól - to** naprawdę niesamowite, jak coś tak pozornie zwyczajnego może przynieść tyle radości po prostu przejeżdżając obok. No i oczywiście są jeszcze **dzieci**.

Wychylam się przez okno mojej lokomotywy. Zawsze sprawiają mi radość swoimi błyszczącymi oczami i wielkimi uśmiechami. Pomachałem do nich energicznie, po czym wróciłem do swojej **kabiny i usiadłem**. To był długi dzień, ale jeszcze się nie skończył; do **celu pozostało** jeszcze kilka godzin. Wyciągam książkę i zaczynam czytać, pozwalając, by rytmiczne kołysanie pociągu wprowadziło mnie w spokojny stan. Co jakiś czas spoglądam w górę na mijane na zewnątrz krajobrazy - nigdy się nie znudzą, niezależnie od tego, ile razy je widzę. W końcu zapada noc, a w oddali pojawiają się **migoczące** światła - jesteśmy coraz bliżej.

nel bel mezzo del nulla. Il sole fa appena capolino all'orizzonte, mentre la gente del posto inizia a girare per la Main Street; sembra un giorno come un altro, tranne che per una cosa: c'è un grande cartello affisso vicino al municipio che recita "Benvenuti a bordo!". Sembra che questa piccola città ci stesse aspettando, anche se siamo solo un normale treno **passeggeri** di passaggio sulla nostra strada. Mentre ci lasciamo ancora una volta la città alle spalle, andando verso chissà dove, sorrido a tutte le facce amichevoli che ci salutano da quelle casette incastonate tra i **campi coltivati:** è davvero incredibile come qualcosa di così apparentemente ordinario possa portare tanta gioia semplicemente passando di lì. E poi, naturalmente, ci sono i **bambini**.

Mi affaccio al finestrino della mia locomotiva. Mi fanno sempre sentire così felice con i loro occhi lucidi e i loro grandi sorrisi. Li saluto energicamente prima di tornare nella mia **cabina** e sedermi. È stata già una lunga giornata, ma non è ancora finita; mancano ancora alcune ore per raggiungere la nostra **destinazione** finale. Tiro fuori il mio libro e inizio a leggere, lasciando che il dondolio ritmico del treno mi culli in uno stato di pace. Di tanto in tanto alzo lo sguardo verso il paesaggio che passa fuori: non diventa mai vecchio, anche se lo vedo tante volte. Alla fine inizia a calare la notte e le luci **scintillanti** cominciano ad apparire in lontananza; ci stiamo avvicinando.

Pytania dotyczące rozumienia tekstu

1. Dokąd jedzie pociąg?

2. Kto jedzie pociągiem?

3. Kiedy odjeżdża pociąg?

4. W jaki sposób bohater dostaje się do pociągu?

5. Skąd przyjeżdża pociąg?

6. Dokąd jedzie pociąg?

7. Kiedy przyjechali pasażerowie?

8. Co czuje bohater, gdy spóźnia się na pociąg?

9. Jak reaguje maszynista pociągu, gdy widzi bohatera?

10. Dlaczego bohater lubi pociągi?

Domande di comprensione

1. Dove va il treno?

2. Chi viaggia sul treno?

3. Quando parte il treno?

4. Come fa il protagonista a salire sul treno?

5. Da dove viene il treno?

6. Dove è diretto il treno?

7. Quando sono arrivati i passeggeri?

8. Come si sente il protagonista quando perde il treno?

9. Come reagisce il macchinista quando vede il protagonista?

10. Perché al protagonista piacciono i treni?

Gotowanie obiadu

Jest 17:00, a ja wracam z pracy. Nie mogę **się** doczekać spokojnego wieczoru w domu z moim partnerem. Ugotujemy razem kolację, a potem przez resztę wieczoru będziemy się relaksować. Dobrze jest wiedzieć, że tego **wieczoru** nie mam żadnych planów ani obowiązków. Przyjeżdżam do domu, a mój partner jest już w kuchni i zaczyna przygotowywać kolację. Pachnie tu **niesamowicie**! Podczas gotowania rozmawiamy, opowiadając sobie nawzajem o tym, jak minął nam dzień i dzieląc się drobnymi historiami z naszego życia zawodowego. Kuchnia jest moim ulubionym pomieszczeniem w naszym mieszkaniu. Uwielbiam gotować, a szczególnie uwielbiam gotować z moim partnerem. Zawsze dobrze się tu bawimy, śmiejąc się i żartując podczas gotowania. Poza tym, gdy pracujemy **razem,** jedzenie jest zawsze **niesamowite**.

Dziś wieczorem przygotowujemy jeden z moich ulubionych przepisów: parmezan z **kurczaka.** Mój partner zaczyna od panierowania kurczaka, podczas gdy ja przygotowuję sos na **kuchence**. Pracujemy razem jak dobrze naoliwiona maszyna i wkrótce obiad jest gotowy do podania. Siadamy przy naszym małym kuchennym stole z **talerzami wypełnionymi** kurczakiem po parmezańsku, makaronem i sałatką.

Cucinare la cena

Sono le 17.00 e sto tornando a casa dal lavoro. Non vedo l'**ora** di passare una serata tranquilla a casa con il mio compagno. Cucineremo insieme la cena e poi ci rilasseremo per il resto della serata. È bello sapere che questa **sera non ho** programmi o obblighi. Arrivo a casa e il mio partner è già in cucina a preparare la cena. C'è un profumo **fantastico** qui dentro! Chiacchieriamo mentre cuciniamo, raccontandoci le nostre giornate e condividendo piccole storie della nostra vita lavorativa. La cucina è la mia stanza preferita del nostro appartamento. Adoro cucinare e soprattutto adoro farlo con il mio compagno. Ci divertiamo sempre molto qui dentro, ridendo e scherzando mentre cuciniamo. Inoltre, il cibo è sempre **incredibile** quando lavoriamo **insieme**.

Stasera prepariamo una delle mie ricette preferite di sempre: il **pollo** alla parmigiana. Il mio collega inizia a impanare il pollo, mentre io faccio cuocere la salsa sul **fuoco**. Lavoriamo insieme come una macchina ben oliata e in poco tempo la cena è pronta da servire. Ci sediamo al tavolo della nostra cucina con i **piatti** colmi di pollo alla parmigiana, pasta e insalata. Facciamo tintinnare i bicchieri e assaggiamo il primo boccone... ed è **paradisiaco**! Il pollo è croccante all'esterno ma succoso all'interno; il sugo è saporito e

Stukamy się kieliszkami i bierzemy pierwszy kęs - jest **niebiański**! Kurczak jest chrupiący na zewnątrz, ale soczysty w środku; sos jest aromatyczny i doskonały; makaron ugotowany al dente... wszystko smakuje dziś absolutnie idealnie. Oboje wiemy, że to był jeden z tych wieczorów, kiedy wszystko doskonale się połączyło, a my **delektujemy się** każdym kęsem naszego pysznego posiłku. Smakowało nawet lepiej niż pachniało - co było cholernie dobre! Kończymy posiłek stosunkowo szybko, bo żadne z nas nie jest dziś szczególnie głodne, ale nie spieszymy się, wypijając jeszcze kilka **kieliszków** wina i rozmawiając lekko na ten czy inny temat. Po kolacji szybko sprzątamy, a potem przenosimy się do salonu, gdzie spędzamy trochę czasu, **przytulając się do siebie** na kanapie i oglądając telewizję.

To takie miłe uczucie być blisko siebie po długim dniu **pracy**. Czuję się zadowolona. Mimo że wieczór nie był pełen wrażeń, miło było spędzić trochę czasu razem, nie wychodząc z domu. Obejrzeliśmy film i wcześnie poszliśmy do łóżka, czując się **usatysfakcjonowani** naszym prostym wieczorem. Stało się to jedną z naszych **ulubionych** rzeczy, które robimy w wieczory, gdy nie mamy ochoty wychodzić z domu - po prostu relaksujemy się w domu i cieszymy się swoim towarzystwem przy domowym posiłku. Zawsze miło jest wiedzieć, że po ciężkim dniu możemy tu wrócić i po prostu być sobą.

perfetto; la pasta è cotta al dente... tutto ha un sapore assolutamente perfetto stasera. Sappiamo entrambi che questa è stata una di quelle sere in cui tutto si è unito alla perfezione, mentre **assaporiamo** fino all'ultimo boccone il nostro delizioso pasto. Il sapore era persino migliore del profumo, che era dannatamente buono! Finiamo il pasto relativamente in fretta, visto che oggi nessuno dei due ha particolarmente fame, ma ci prendiamo tutto il tempo necessario per goderci qualche altro **bicchiere di** vino chiacchierando con leggerezza di questo e quell'argomento. Dopo cena, puliamo velocemente insieme e poi ci spostiamo in salotto, dove passiamo un po' di tempo **a coccolarci** sul divano guardando la TV.

È così bello stare vicini dopo una lunga giornata di **lavoro**. Mi sento soddisfatta. Anche se non abbiamo avuto una serata movimentata, è stato bello passare un po' di tempo insieme senza dover uscire di casa. Abbiamo guardato un film e siamo andati a letto presto, sentendoci **soddisfatti** della nostra semplice serata. Questa è diventata una delle cose che **preferiamo** fare nelle sere in cui non vogliamo uscire: rilassarci a casa e goderci la reciproca compagnia con un pasto fatto in casa. È sempre bello sapere che possiamo tornare qui dopo una lunga giornata ed essere semplicemente noi stessi.

Pytania dotyczące rozumienia tekstu

1. Skąd pochodzi narrator?

2. Co robi narrator po pracy?

3. Co narrator je na kolację?

4. Dlaczego narrator lubi kuchnię?

5. Jakie danie gotuje para?

6. Jak się czuje narrator pod koniec wieczoru?

7. Jakie jest ulubione zajęcie pary?

8. Co robi para, gdy jest zmęczona?

9. Gdzie śpią?

10. Dlaczego narrator lubi przebywać w domu?

Domande di comprensione

1. Da dove viene il narratore?

2. Cosa fa il narratore dopo il lavoro?

3. Cosa mangia il narratore per cena?

4. Perché al narratore piace la cucina?

5. Che tipo di piatto cucina la coppia?

6. Come si sente il narratore alla fine della serata?

7. Qual è la cosa che la coppia preferisce fare?

8. Cosa fa la coppia quando è stanca?

9. Dove dormono?

10. Perché al narratore piace stare a casa?

Spacer do domu

Była to **spokojna** noc, gdy wracałem z pracy do domu. Idąc, nie mogłem powstrzymać się od uśmiechu na wspomnienie. Dobrze było być znowu w mojej starej dzielnicy. Pomachałem do kilku znajomych osób, a oni odwzajemnili moje pozdrowienia. Dobrze było być w domu. Przechodząc obok mojej starej szkoły, **przypomniałem sobie** wszystkie miłe chwile spędzone z przyjaciółmi. Zawsze wracaliśmy do domu razem i rozmawialiśmy o naszym dniu. **Czasami** zatrzymywaliśmy się, żeby kupić lody lub pójść do parku. To były najlepsze czasy. Brakuje mi tych chwil. Ale teraz mam własną rodzinę i jestem zadowolona z życia. Cieszę się, że mogę spojrzeć wstecz na te wspomnienia i uśmiechnąć się. Są one częścią mojego życia, którą zawsze będę cenił. To były najlepsze czasy. Tęsknię za tymi czasami. Ale teraz mam własną rodzinę i jestem zadowolony z życia. Cieszę się, że mogę spojrzeć wstecz na te **wspomnienia** i uśmiechnąć się. Są one częścią mojego życia, którą zawsze będę cenić.

Idę dalej, myśląc o dobrych chwilach spędzonych z moimi przyjaciółmi. Wiem, że wkrótce znów się z nimi spotkam. Kieruję się w stronę domu i postanawiam przejść się po pobliskim parku. Słońce już zachodzi,

Camminare verso casa

Era una notte **tranquilla** mentre tornavo a casa dal lavoro. Mentre camminavo, non potevo fare a meno di sorridere ai ricordi. Era bello tornare nel mio vecchio quartiere. Salutai alcune persone che conoscevo e loro ricambiarono il saluto. Era bello essere a casa. Passai davanti alla mia vecchia scuola e **ricordai** tutti i bei momenti passati con i miei amici. Tornavamo sempre a casa insieme e parlavamo della nostra giornata. **A volte ci** fermavamo a prendere un gelato o andavamo al parco. Erano i momenti migliori. Mi mancano quei momenti. Ma ora ho la mia famiglia e sono felice della mia vita. Sono felice di poter guardare indietro a quei ricordi e sorridere. Sono una parte della mia vita che conserverò per sempre. Erano i tempi migliori. Mi mancano quei tempi. Ma ora ho la mia famiglia e sono felice della mia vita. Sono felice di poter guardare indietro a quei **ricordi** e sorridere. Sono una parte della mia vita che conserverò per sempre.

Continuo a camminare, pensando ai bei momenti passati con i miei amici. So che li rivedrò presto. Mi dirigo verso casa e decido di passeggiare in un parco lì vicino. Il sole sta tramontando e il cielo sta diventando di un **bel** colore arancione. Il parco è vuoto, a parte

a niebo przybiera **piękny** pomarańczowy kolor. Park jest pusty, poza kilkoma ptakami ćwierkającymi na drzewach. Biorę głęboki **oddech** i uśmiecham się. Kiedy spaceruję po parku, widzę, jak po niebie przemyka spadająca gwiazda. Wypowiedziałem życzenie do tej gwiazdy i poszedłem dalej. Myślę o moim dniu w pracy i o tym, jak było **spokojnie**. Uśmiecham się do siebie, myśląc o tym, jakie mam szczęście, że mam tak wspaniałą pracę. Wracam do domu, **czując** na skórze chłodne, nocne powietrze. Czuję się taka żywa i szczęśliwa, ciesząc się prostą czynnością, jaką jest powrót do domu w spokojną noc. Czułem się tak dobrze, że zacząłem **gwizdać**. Przeszedłem obok kilku osób na ulicy, ale wszyscy byli zajęci swoimi sprawami.

Skręciłem za róg mojej ulicy i zobaczyłem kota mojego sąsiada, pana Whiskersa, siedzącego na moim ganku. Przywitałem się z nim, a on odpowiedział miauknięciem. **Odblokowałem** drzwi i wszedłem do środka. Tak się cieszyłem, że jestem w domu. Zdjąłem buty i przygotowałem się do spania. Tej nocy położyłem się do łóżka szczęśliwy i wdzięczny, a moje serce było pełne miłości. Spałem spokojnie przez całą noc, nie martwiąc się o nic. Obudziłem się ze spokojnego snu i **powitało mnie** słońce wpadające przez okno. Wstałem z łóżka, przeciągnąłem się, wziąłem głęboki oddech i poczułem, jak chłodne powietrze wypełnia moje płuca.

qualche uccello che cinguetta tra gli alberi. Faccio un **respiro** profondo e sorrido. Mentre cammino nel parco, vedo una stella cadente che attraversa il cielo. Esprimo un desiderio su quella stella e continuo a camminare. Penso alla mia giornata di lavoro e a quanto sia stata **tranquilla**. Sorrido tra me e me, pensando a quanto sono fortunata ad avere un lavoro così bello. Cammino verso casa, **sentendo** l'aria fresca della notte sulla mia pelle. Mi sento così viva e felice, godendomi il semplice atto di tornare a casa in una notte tranquilla.
Mi sentivo così bene che iniziai a **fischiettare**. Passai accanto ad alcune persone per strada, ma tutte si facevano gli affari loro.

Svoltato l'angolo della mia strada, vidi il gatto del mio vicino, Mr. Whiskers, seduto sul mio portico. Lo salutai e lui ricambiò il miagolio. **Aprii la** porta ed entrai.
Ero così felice di essere a casa. Mi tolsi le scarpe e mi preparai per andare a letto. Quella sera andai a letto felice e grata, con il cuore pieno d'amore. Dormii profondamente per tutta la notte, senza preoccuparmi di nulla. Mi svegliai da un sonno ristoratore e fui **accolta** dal sole che entrava dalla finestra. Mi alzai dal letto e mi stiracchiai, facendo un respiro profondo e sentendo l'aria fresca riempirmi i polmoni.

Pytania dotyczące rozumienia tekstu

1. Co robił bohater, gdy opowiadanie się zaczynało?

2. O czym myślał bohater, idąc do domu?

3. Co bohater robił po szkole z przyjaciółmi?

4. Za czym bohater tęskni w tamtych czasach?

5. Co bohater myśli o swoim obecnym życiu?

6. Co robi bohater, gdy widzi spadającą gwiazdę?

7. Co czuje bohater, gdy idzie do domu?

8. Co robi bohater po powrocie do domu?

9. Jak się czuje bohater, gdy budzi się następnego ranka?

10. Co bohater robi następnego dnia?

Domande di comprensione

1. Cosa stava facendo il protagonista quando è iniziata la storia?

2. A cosa pensava il protagonista mentre tornava a casa?

3. Cosa faceva il protagonista con gli amici dopo la scuola?

4. Cosa manca al protagonista di quei tempi?

5. Cosa pensa il protagonista della sua vita attuale?

6. Cosa fa il protagonista quando vede una stella cadente?

7. Come si sente il protagonista quando torna a casa?

8. Cosa fa il protagonista quando torna a casa?

9. Come si sente il protagonista quando si sveglia la mattina dopo?

10. Cosa fa il protagonista il giorno dopo?

Zamek

Rodzina zawsze chciała zwiedzić stary zamek w **Niemczech i w** końcu się na to zdecydowała. Nie byli **rozczarowani**. Zamek był piękny, a zwiedzanie jego wielu pomieszczeń i korytarzy sprawiło im wiele radości. Pierwszą rzeczą, która rzuciła im się w oczy, był zapach. Znaleźli tam **pleśń**, wilgoć i coś jeszcze, czego nie potrafili określić. Drugą rzeczą był dźwięk. Kamienne ściany są grube, ale nie tłumią całkowicie dźwięków. Słyszeli każdy krok, każde słowo wypowiedziane normalnym głosem, a czasem także kapanie wody **gdzieś** w oddali. Gdy ich oczy przyzwyczaiły się do słabego światła, zobaczyli potężne kamienne ściany, z których zwisały **potargane** gobeliny. Znajdowali się w ogromnej sali z wysokim sufitem wspartym na rzeźbionych filarach. Podobały im się też widoki z wieżyczek, a dzieci świetnie się bawiły, biegając po terenie. Gdy skończyli zwiedzać zamek, **słońce** zaczęło już zachodzić i żałowali, że nie wzięli ze sobą **latarki**. Postanowili wrócić do wejścia, ale szybko się zgubili. Błąkali się godzinami, aż w końcu natrafili na drzwi, które prowadziły na zewnątrz. Szli dalej, aż doszli **do** końca korytarza i stanęli przed imponującym zestawem podwójnych drzwi. Próbowali jak mogli, ale drzwi nie chciały się ruszyć. Grzechotały **złowieszczo,** ale nie poruszyły się ani o cal. Wyglądało na to, że

Il castello

La famiglia aveva sempre desiderato visitare un antico castello in **Germania** e finalmente ha intrapreso il viaggio. Non sono rimasti **delusi**. Il castello era bellissimo e si sono divertiti a esplorare le sue stanze e i suoi corridoi. La prima cosa che li colpì fu l'odore. Trovarono **muffa**, umidità e qualcos'altro che non riuscirono a definire con precisione. La seconda cosa è stata il suono. I muri di pietra sono spessi, ma non attutiscono completamente il suono. Sentirono ogni passo, ogni parola pronunciata con voce normale e l'occasionale gocciolio dell'acqua **da qualche parte** in lontananza. Quando i loro occhi si adattarono alla luce fioca, videro le massicce mura di pietra che incombevano intorno a loro, con gli arazzi appesi a **brandelli**. Si trovavano in un'enorme sala con un alto soffitto sostenuto da pilastri scolpiti. Anche a loro piaceva molto la vista che si godeva dalle torrette e i bambini si divertivano un mondo a correre per il parco. Quando finirono di esplorare il castello, il **sole** era già tramontato e si pentirono di non aver portato una **torcia**. Decisero di tornare all'ingresso, ma si persero subito. Vagarono per ore e ore, finché alla fine trovarono una porta che conduceva all'esterno. Proseguirono fino **alla** fine del corridoio e si trovarono davanti a un'imponente serie di doppie porte. Per

ktokolwiek tu wcześniej był, musiał tędy przejść i zamknąć je od środka. W końcu udało im się znaleźć wyjście. Gdy wyszli na chłodne, nocne powietrze, poczuli ulgę.

Słońce zaczęło zachodzić i **żałowali,** że nie wzięli ze sobą latarki. Postanowili wrócić do wejścia, ale szybko się zgubili. Błąkali się godzinami, aż w końcu natrafili na drzwi, które prowadziły na **zewnątrz**. Gdy wyszli na chłodne, nocne powietrze, poczuli ulgę. Następnego wieczoru postanowili zabrać ze sobą latarkę, aby zwiedzić resztę zamku. Przeszli przez **dziedziniec** i zeszli do rzeki, która płynęła za murami **zamku.** Gdy chodzili po okolicy, zaczęli słyszeć dziwne odgłosy. Wyglądało na to, że ktoś ich śledzi. Przyspieszyli kroku, ale odgłosy były coraz głośniejsze i bliższe. Rodzina wróciła do zamku tak szybko, jak tylko mogła, i z ulgą zauważyła, że postać w **ciemnej** pelerynie nie podążyła za nimi.

quanto potessero, le porte non si muovevano. Scricchiolano **minacciosamente**, ma non si muovono di un millimetro. Sembrava che chiunque fosse stato qui prima dovesse essere passato di qui e averle chiuse dall'interno. Alla fine trovano una via d'uscita. Il sollievo li invade mentre escono nell'aria fresca della notte.

Il sole aveva iniziato a tramontare e si **pentirono di non aver** portato una torcia elettrica. Decisero di tornare all'ingresso, ma presto si persero. Vagarono per ore e ore, finché alla fine trovarono una porta che conduceva all'**esterno**. Il sollievo li colse quando uscirono nell'aria fresca della notte. La sera successiva si assicurarono di portare con sé una torcia per esplorare il resto del castello. Attraversarono il **cortile** e scesero fino al fiume che scorreva dietro le mura del **castello**. Mentre camminavano, cominciarono a sentire strani rumori. Sembrava che qualcuno li stesse seguendo. Accelerarono il passo, ma i rumori diventavano sempre più forti e vicini. La famiglia tornò al castello il più velocemente possibile e si accorse con sollievo che la figura con il mantello **scuro** non li aveva seguiti.

Pytania dotyczące rozumienia tekstu

1. Co zrobiła rodzina, gdy zgubiła się w zamku?

2. Jak czuła się rodzina, gdy dowiedziała się, że to tylko miejscowy człowiek?

3. Co takiego zrobił mężczyzna, że został aresztowany?

4. Jaki był wyrok dla tego człowieka?

5. Jaki hałas usłyszała rodzina podczas spaceru?

6. Gdzie znajdowała się postać w ciemnym płaszczu, gdy zobaczyła ją rodzina?

7. Co robiła rodzina po powrocie do swojego pokoju?

8. Kiedy rodzina ponownie wybrała się na zwiedzanie zamku?

9. Co to była za rzecz, której rodzina nie potrafiła wyjaśnić?

10. Co robiła rodzina, zanim ponownie wyruszyła na zwiedzanie zamku?

Domande di comprensione

1. Cosa fece la famiglia quando si perse nel castello?

2. Come si è sentita la famiglia quando ha scoperto che si trattava solo di un uomo del posto?

3. Che cosa ha fatto l'uomo che lo ha fatto arrestare?

4. Qual è stata la sentenza per l'uomo?

5. Quale rumore ha sentito la famiglia mentre camminava?

6. Dov'era la figura con il mantello scuro quando la famiglia lo vide?

7. Che cosa ha fatto la famiglia quando è tornata nella sua stanza?

8. Quando la famiglia è tornata a esplorare il castello?

9. Qual era la cosa che la famiglia non riusciva a capire?

10. Cosa fece la famiglia prima di tornare a esplorare il castello?

Mój ogród

Mój ogród to moje szczęśliwe miejsce. Wychodzę tam każdego dnia, czy pada, czy nie, i spędzam czas, pielęgnując moje rośliny. Mam tam **wszystko** po trochu - **warzywa**, owoce, kwiaty, zioła. Mam nawet kilka kur, które pomagają mi utrzymać szkodniki z daleka. Dzień w ogrodzie zaczynam od zbierania jaj od kur. Następnie sprawdzam, czy moje warzywa mają wystarczająco dużo wody i słońca. Odchwaszczam grządki i usuwam wszelkie insekty, które mogą **zaatakować** rośliny. Kiedy już **wszystko** jest dopilnowane, siadam wygodnie i cieszę się ciszą i spokojem natury.

Zawsze uwielbiałam spędzać czas w moim ogrodzie. Jest coś takiego w byciu otoczonym przez naturę i całe **piękno,** które ma do zaoferowania. Uważam, że jest to bardzo spokojne i uspokajające miejsce. Często spędzam czas w ogrodzie, relaksując się i podziwiając widoki. Lubię też pracować w ogrodzie i uprawiać rośliny. Mam całkiem spory ogród i lubię w nim uprawiać różne rzeczy. Uprawiam kwiaty, **warzywa** i zioła. Mam też kilka drzew owocowych, które rodzą pyszne jabłka, gruszki i śliwki. Oprócz uprawiania rzeczy lubię też spędzać czas na spacerach po ogrodzie, **podziwiając** różne rośliny i zwierzęta, które są jego domem. Przez lata spędziłam wiele godzin, pracując nad tym, aby

Il mio giardino

Il mio giardino è il mio luogo felice. Esco ogni giorno, con la pioggia o con il sole, e passo il tempo a curare le mie piante. Ho un po' di **tutto: verdure**, frutta, fiori, erbe aromatiche. Ho anche alcune galline che mi aiutano a tenere lontani i parassiti. Inizio le mie giornate in giardino raccogliendo le uova dalle galline. Poi controllo le verdure, assicurandomi che ricevano acqua e sole a sufficienza. Diserbo le aiuole e rimuovo gli insetti che potrebbero **attaccare** le piante. Una volta sistemato **tutto**, mi siedo e mi godo la pace e la tranquillità della natura.

Ho sempre amato trascorrere del tempo nel mio giardino. C'è qualcosa nell'essere circondati dalla natura e da tutta la **bellezza che** ha da offrire. Trovo che sia un luogo molto tranquillo e rilassante. Spesso trascorro il tempo nel mio giardino rilassandomi e godendomi il paesaggio. Mi piace anche lavorare nel mio giardino e coltivare. Ho un giardino di buone dimensioni e mi piace coltivare **diverse** cose. Coltivo fiori, **verdure** ed erbe aromatiche. Ho anche alcuni alberi da frutto che producono mele, pere e prugne deliziose. Oltre a coltivare, mi piace anche passare il tempo passeggiando nel mio giardino, **ammirando** tutte le piante e gli animali che lo abitano. Negli anni

mój **ogród stał** się miejscem nie tylko pięknym, ale i funkcjonalnym. Uwielbiam obserwować ptaki latające wokół i słuchać ich śpiewu. Czasami nawet przynoszę książkę i czytam w ogrodzie, otoczona pięknem, które stworzyłam. **Ogrodnictwo** jest moją pasją i przynosi mi tyle radości. Każdy dzień w moim ogrodzie to dobry dzień.

Jedną z rzeczy, które uwielbiam robić, jest gotowanie, dlatego posiadanie dobrze zaopatrzonego ogrodu ziołowego jest dla mnie bardzo **ważne.** Tymianek, bazylia, oregano, rozmaryn, szałwia i lawenda to tylko niektóre z ziół, które lubię uprawiać w moim ogrodzie, aby móc ich używać podczas przygotowywania posiłków dla siebie lub dla **gości**. Kolejną rzeczą, która jest dla mnie ważna, jeśli chodzi o mój ogród, jest zapewnienie, że jest w nim dużo kolorów. Aby osiągnąć ten cel, uprawiam wiele różnych kwiatów, takich jak **róże**, lilie, stokrotki, tulipany, niecierpki, nagietki itp. Poza dodawaniem kolorów za pomocą kwiatów lubię także urozmaicać ogród, stosując w nim różne **faktury**. Na przykład mogę posadzić paprocie pod strzelistymi słonecznikami lub hosty **obok** kolczastych traw ozdobnych. Niezależnie od tego, co jeszcze dzieje się w moim życiu, praca w ogrodzie zawsze pomaga mi poczuć się bardziej związaną z naturą i w zgodzie z samą sobą.

ho trascorso molte ore a lavorare per rendere il mio **giardino** un luogo non solo bello ma anche funzionale. Mi piace osservare gli uccelli che svolazzano in giro e ascoltarli cantare. A volte tiro fuori un libro e leggo in giardino, circondata da tutta la bellezza che ho creato. Il **giardinaggio** è la mia passione e mi porta tanta gioia. Ogni giorno nel mio giardino è un buon giorno.

Una delle cose che amo fare è cucinare, quindi avere un giardino di erbe aromatiche ben fornito è molto **importante** per me. Timo, basilico, origano, rosmarino, salvia e lavanda sono solo alcune delle erbe che mi piace coltivare nel mio giardino per poterle usare quando cucino per me o per gli **ospiti**. Un'altra cosa importante per me quando si tratta del mio giardino è assicurarmi che ci sia molto colore in tutto il giardino. Per raggiungere questo obiettivo, coltivo una grande varietà di fiori, tra cui **rose**, gigli, margherite, tulipani, impatiens, calendule, ecc. Oltre ad aggiungere colore con i fiori, mi piace anche aggiungere interesse utilizzando diverse **texture** in tutto il giardino. Per esempio, potrei piantare felci sotto imponenti girasoli o hosta **accanto a** spigolose erbe ornamentali. Indipendentemente da ciò che accade nella vita, lavorare nel mio giardino **riesce** sempre a farmi sentire più connessa con la natura e in pace con me stessa.

Pytania dotyczące rozumienia tekstu

1. Gdzie znajduje się ogród autora?

2. Ile kurczaków ma autor?

3. Co autor robi w ogrodzie każdego dnia?

4. Dlaczego autorowi podoba się ogród?

5. Jakie zioła autor sadzi w ogrodzie?

6. Dlaczego dla autora ważne jest to, że w jego ogrodzie jest wiele kolorów?

7. W jaki sposób autor urozmaica swój ogród?

8. Co czuje autor, kiedy pracuje w swoim ogrodzie?

9. Co sprawia, że autor czuje się spełniony, kiedy jest w swoim ogrodzie?

10. Dlaczego każdy dzień w ogrodzie autora jest dobry?

Domande di comprensione

1. Dove si trova il giardino dell'autore?

2. Quanti polli ha l'autore?

3. Che cosa fa l'autore in giardino ogni giorno?

4. Perché all'autore piace il giardino?

5. Quali sono le erbe che l'autore pianta nel giardino?

6. Perché è importante per l'autore che ci siano molti colori nel suo giardino?

7. Come fa l'autore a dare varietà al suo giardino?

8. Come si sente l'autore quando lavora nel suo giardino?

9. Cosa fa sentire l'autore in sintonia quando è nel suo giardino?

10. Perché ogni giorno nel giardino dell'autore è un buon giorno?

Idę na zakupy

Uwielbiam chodzić na **zakupy do** centrum handlowego. Chodzenie po nim i oglądanie różnych sklepów zawsze sprawia mi wiele radości. W centrum handlowym każdy znajdzie coś dla siebie i zawsze jest to świetne miejsce, aby znaleźć okazje na ubrania, buty i akcesoria. **Zwykle** zaczynam swoją wyprawę na zakupy od przejścia przez główne **wejście do centrum handlowego**. Stamtąd kieruję się najpierw do moich ulubionych sklepów. Po przejrzeniu tych sklepów, chodzę dookoła i sprawdzam, czy w innych miejscach nie trwają jakieś wyprzedaże. Zwykle spędzam w centrum handlowym kilka godzin, zanim w końcu dokonam zakupów. Zawsze lubię nie spieszyć się z zakupami, **ponieważ** chcę mieć pewność, że dostaję **dokładnie to,** czego chcę. Poza tym w ten sposób jest po prostu przyjemniej!

Zawsze **fascynuje** mnie obserwowanie ludzi w centrum handlowym. Po sposobie robienia zakupów można naprawdę wiele powiedzieć o danej osobie. Niektórzy ludzie są bardzo metodyczni i nie spieszą się, podczas gdy inni po prostu chwytają **wszystko, co się da,** i jak najszybciej kierują się do kasy. Są też tacy kupujący, którzy wydają się bardziej zainteresowani rozmową przez telefon komórkowy lub pisaniem SMS-ów niż oglądaniem towarów! Jednak bez względu na to, jakim

Fare shopping

Mi piace andare **a fare shopping al** centro commerciale. È sempre molto divertente passeggiare e guardare tutti i diversi negozi. Al centro commerciale ce n'è per tutti i gusti ed è sempre un ottimo posto per trovare offerte su vestiti, scarpe e accessori. **Di solito** inizio il mio shopping attraversando l'**ingresso** principale del centro commerciale. Da lì, mi dirigo prima verso i miei negozi preferiti. Dopo aver dato un'occhiata a quei negozi, vado in giro a vedere se ci sono saldi in corso in altri posti. Di solito trascorro un paio d'ore nel centro commerciale prima di fare i miei acquisti. Mi piace sempre prendermi il tempo necessario per fare shopping**, perché** voglio essere sicura di acquistare **esattamente** ciò che voglio. In più, così è più divertente!

Trovo sempre molto **affascinante** osservare le persone mentre sono al centro commerciale. Si può capire molto di una persona dal modo in cui fa acquisti. Alcune persone sono molto metodiche e si prendono il loro tempo, mentre altre sembrano prendere **tutto quello che** possono e dirigersi alla cassa il più velocemente possibile. Ci sono anche quelli che sembrano più interessati a parlare al cellulare o a mandare messaggi piuttosto che guardare la merce! A prescindere dal tipo

typem kupującego jesteś, każdy z nas lubi "window shopping" - nawet jeśli niczego nie kupuje. Po prostu jest coś takiego w patrzeniu na te wszystkie piękne rzeczy w **witrynach** sklepowych, co sprawia, że jestem szczęśliwa. Czasami marzę o tym, jak by to było, gdyby było mnie stać na **wszystko, co** widzę! Podsumowując, dzień spędzony na zakupach w centrum handlowym to jedna z moich ulubionych rozrywek. To świetny sposób na zrelaksowanie się i odprężenie, a przy okazji na odrobinę ruchu (jeśli się wystarczająco dużo chodzi). Poza tym, **zawsze** miło jest od czasu do czasu sprawić sobie nową koszulę lub parę butów!

Miałam **długi** dzień w pracy i wreszcie znalazłam trochę czasu dla siebie, więc postanowiłam wybrać się na zakupy do centrum handlowego. Potrzebowałam kilku nowych ubrań na **nadchodzący** sezon. Gdy tylko weszłam do środka, zobaczyłam wszystkie jasne światła i błyszczące witryny sklepów. Najpierw udałam się do mojego ulubionego sklepu i zaczęłam przeglądać półki. Znalazłam kilka ładnych bluzek i przymierzyłam je w przymierzalni. Gdy przyglądałam się sobie w lustrze, usłyszałam, że ktoś wchodzi do **przymierzalni** obok mojej. Rozpoznałam, że to jedna z moich koleżanek z pracy. Przywitałyśmy się i zaczęłyśmy rozmawiać o pracy. Po kilku minutach obie skończyłyśmy i poszłyśmy w swoją stronę, ale później znów na siebie wpadłyśmy. Rozmawialiśmy dalej i zdaliśmy sobie sprawę, że mamy ze sobą więcej wspólnego, niż nam się wydawało.

di acquirente, però, sembra che a tutti piaccia guardare le vetrine, anche se non si compra nulla. C'è qualcosa che mi rende felice nel guardare tutte le belle cose nelle **vetrine** dei negozi. A volte fantastico su come sarebbe se potessi permettermi **tutto quello che** vedo! Tutto sommato, trascorrere una giornata di shopping al centro commerciale è uno dei miei passatempi preferiti. È un ottimo modo per rilassarsi e distendersi, facendo anche un po' di esercizio fisico (se si cammina abbastanza). Inoltre, è **sempre** bello concedersi una camicia o un paio di scarpe nuove ogni tanto!

Ho avuto una **lunga** giornata di lavoro e finalmente avevo un po' di tempo per me, così ho deciso di andare a fare shopping al centro commerciale. Mi servivano dei vestiti nuovi per la **prossima** stagione. Appena sono entrata, ho visto tutte le luci e le vetrine scintillanti. Mi sono diretta prima al mio negozio preferito e ho iniziato a sfogliare gli scaffali. Ho trovato alcuni top carini e li ho provati nel camerino. Mentre mi guardavo allo specchio, sentii qualcuno entrare nel **camerino** accanto al mio. Ho riconosciuto la sua voce come quella di una mia collega. Ci siamo salutati e abbiamo iniziato a chiacchierare di lavoro. Dopo qualche minuto, entrambi abbiamo finito e siamo andati per la **nostra** strada, ma ci siamo incontrati di nuovo più tardi. Abbiamo continuato a chiacchierare e ci siamo resi conto di avere in comune più di quanto pensassimo.

Pytania dotyczące rozumienia tekstu

1. Gdzie najchętniej przechowujesz towary?

2. Jaki jest Twój ulubiony sklep w centrum handlowym?

3. Jak długo zazwyczaj przebywasz w centrum handlowym?

4. Co sądzisz o ludziach, którzy spędzają dużo czasu w centrum handlowym?

5. Jaka jest Twoja ulubiona rzecz do robienia w centrum handlowym?

6. Czy zdarzyło Ci się kupić coś w centrum handlowym, czego tak naprawdę nie potrzebowałeś?

7. Jak reagujesz, gdy widzisz w centrum handlowym coś, co bardzo by Ci się podobało, ale jest za drogie?

8. Czy kiedykolwiek widziałeś coś w centrum handlowym i zastanawiałeś się, kto mógłby to kupić?

9. Jakie jest Twoje zdanie na temat ludzi, którzy w centrum handlowym zamiast oglądać sklepy, zajmują się swoimi telefonami komórkowymi?

10. Czy uważasz, że centrum handlowe jest dobrym miejscem na spotkania z przyjaciółmi?

Domande di comprensione

1. Dove vi piace di più conservare?

2. Qual è il vostro negozio preferito nel centro commerciale?

3. Quanto tempo si ferma di solito al centro commerciale?

4. Cosa pensa delle persone che trascorrono molto tempo al centro commerciale?

5. Qual è la cosa che preferite fare al centro commerciale?

6. Avete mai comprato qualcosa al centro commerciale quando non ne avevate davvero bisogno?

7. Come reagite quando al centro commerciale vedete qualcosa che vi piacerebbe molto, ma che costa troppo?

8. Avete mai visto qualcosa al centro commerciale e vi siete chiesti chi lo avrebbe comprato?

9. Qual è la sua opinione sulle persone che al centro commerciale sono impegnate con il cellulare invece di guardare i negozi?

10. Pensi che il centro commerciale sia un buon posto per incontrarsi con gli amici?

Na rynku

W sobotę budzę się wcześnie rano, chcąc zdążyć na **targ,** zanim zrobi się zbyt tłoczno. Zakładam kilka ubrań i wychodzę z domu, zabierając po drodze torby wielokrotnego użytku. Idąc, zaczynam planować, co chcę przygotować w nadchodzącym tygodniu. Wiem, że chcę przynajmniej raz upiec warzywa, więc będę musiała kupić dobrej jakości warzywa. Chcę też zrobić zupę lub gulasz, więc będę musiał kupić trochę mięsa. Będę musiał zobaczyć, co wygląda dobrze, gdy tam dotrę. Rynek znajduje się zaledwie kilka przecznic dalej, a ja już widzę rozstawione stragany i kłębiących się **ludzi**.

Przyjeżdżam na targ i od razu kieruję się do stoiska z warzywami. Wybór jest piękny, a ja wypełniam torby różnymi **świeżymi** produktami. Rozmawiam trochę z rolnikiem, który poleca mi kilka przepisów. Nie mogę się doczekać, aby je wypróbować. Podczas zakupów rozmawiam z **rolnikami, poznając** ich i ich produkty. Gdy mam już wszystkie potrzebne warzywa, przechodzę do działu mięsnego. Tutaj waham się trochę bardziej, ponieważ nie jestem pewna, co chcę kupić. Ostatecznie decyduję się na kurczaka, ponieważ jest uniwersalny i można go wykorzystać w wielu potrawach. Kupuję też kilka różnych kawałków mięsa,

Al mercato

Mi sveglio presto il sabato mattina, desiderosa di andare al **mercato** prima che sia troppo affollato. Mi infilo i vestiti e mi avvio verso la porta, prendendo le mie borse riutilizzabili. Mentre cammino, inizio a pianificare quello che voglio fare per la settimana a venire. So che voglio **arrostire le** verdure almeno una volta, quindi dovrò comprare delle verdure di buona qualità. Voglio anche fare una zuppa o uno stufato, quindi dovrò comprare anche della carne. Dovrò vedere cosa c'è di buono quando arriverò lì. Il mercato è a pochi isolati di distanza e vedo già le bancarelle allestite e la **gente** che vi si aggira.

Arrivo al mercato e mi dirigo subito verso il banco delle verdure. La scelta è bellissima e riempio le mie borse con una grande varietà di prodotti **freschi**. Parlo un po' con il contadino e mi consiglia alcune ricette. Non vedo l'ora di provarle. Mentre faccio la spesa, chiacchiero con i **contadini** per conoscere meglio loro e i loro prodotti. Dopo aver preso tutte le verdure che mi servono, passo al reparto carne. Qui sono un po' più titubante, perché non sono sicuro di quello che voglio prendere. Alla fine scelgo il pollo, perché è versatile e può essere utilizzato in diversi piatti. Compro anche alcuni tagli di carne diversi, assicurandomi di prendere

zwracając uwagę na to, by kupić wołowinę karmioną trawą i **kurczaka z** wolnego wybiegu. Rzeźnik był przyjaznym człowiekiem, zawsze wesołym mimo długich godzin pracy. Zapakował moje piersi z kurczaka i stek, a potem rozmawiał ze mną o swoich planach na weekend. Pożegnałem się z nim i ruszyłem w dalszą drogę. W dziale z nabiałem kupiłem też jajka i ser.

Na targu było **pełno** ludzi, którzy z niecierpliwością czekali na świeże produkty i mięso. W powietrzu unosił się zapach czosnku i cebuli, słychać było śmiech i rozmowy. Przedzierałem się przez tłum, wybierając inne artykuły potrzebne do zrobienia cotygodniowych zakupów. Wypełniłam **koszyk** owocami i warzywami, makaronem i chlebem, po czym skierowałam się do kasy. Kolejka była długa, ale szybko się posuwała. W końcu kupiłem ostatnie **produkty spożywcze** i nadszedł czas, aby wrócić do domu. Samochód został załadowany, a droga do domu była długa i uciążliwa. Ruch był duży, a upał uciążliwy. W końcu samochód wjechał na podjazd, a ulga była wyczuwalna. W domu panował chłód i cisza, był to raj po **zgiełku** targowiska. Wszystko zostało odłożone na miejsce, a w domu szybko zapanowała cisza i spokój. Miałam wszystko, czego potrzebowałam, aby przygotować **pyszne** posiłki dla siebie i dla rodziny. Dobrze było być w domu.

carne di manzo nutrita con erba e **pollo** allevato all'aperto. Il macellaio era un uomo cordiale, sempre allegro nonostante le lunghe ore di lavoro. Mi ha incartato i petti di pollo e la bistecca prima di parlarmi dei suoi programmi per il fine settimana. Lo salutai e proseguii per la mia strada. Ho preso anche delle uova e del formaggio dal reparto latticini.

Il mercato era pieno di gente, tutti desiderosi di mettere le **mani sui** prodotti freschi e sulla carne che venivano offerti. Nell'aria si sentiva l'odore dell'aglio e delle cipolle, e il suono delle risate e delle conversazioni riempiva l'aria. Mi feci strada tra la folla, scegliendo gli altri articoli necessari per la mia spesa settimanale. Riempii il mio **cestino** di frutta e verdura, pasta e pane, prima di dirigermi alla cassa. La fila era lunga, ma si snodava rapidamente. Finalmente gli ultimi acquisti furono fatti ed era ora di tornare a casa. L'auto fu caricata e il viaggio verso casa fu lungo e noioso. Il traffico era intenso e il caldo opprimente. Alla fine l'auto entrò nel vialetto e il sollievo fu palpabile. La casa era fresca e silenziosa ed era un rifugio dopo il **trambusto** del mercato. Tutto fu messo a posto e la casa tornò presto alla sua solita pace e tranquillità. Avevo tutto il necessario per preparare dei piatti **deliziosi** per me e per la mia famiglia. Era bello essere a casa.

Pytania dotyczące rozumienia tekstu

1. Dokąd zmierza osoba?

2. Co dana osoba chce kupić?

3. Ile toreb ma ta osoba?

4. Jak daleko znajduje się rynek?

5. Co ta osoba robi w tej chwili?

6. Co to jest wszystko na rynku?

7. Ile osób znajduje się na rynku?

8. Ile czasu zajęło tej osobie kupienie wszystkiego?

9. W jaki sposób dana osoba wróciła do domu?

10. Co robiła osoba, która wróciła do domu?

Domande di comprensione

1. Dove sta andando la persona?

2. Cosa vuole comprare la persona?

3. Quante borse ha la persona?

4. Quanto è lontano il mercato?

5. Cosa sta facendo la persona in questo momento?

6. Che cos'è il mercato?

7. Quante persone ci sono nel mercato?

8. Quanto tempo ha impiegato la persona a comprare tutto?

9. Come è tornata a casa la persona?

10. Cosa ha fatto la persona quando è tornata a casa?

W kawiarni

Był chłodny **jesienny** poranek, a ja umówiłam się z moją przyjaciółką Lily w naszej ulubionej kawiarni na kawę. Owinęłam się ciepło płaszczem i szalikiem i ruszyłam w drogę. Liście spadały z drzew, a w powietrzu czuć było lekki powiew wiatru, ale świeciło słońce i zapowiadał się piękny dzień. Idąc, **myślałam** o tym, jak dobrze jest mieć taką przyjaciółkę jak Lily. Przyjaźniłyśmy się od lat, odkąd poznałyśmy się na **studiach**. Połączyło nas zamiłowanie do kawy i spędzania czasu na pogawędkach w kawiarniach. Mimo że mieszkałyśmy teraz w różnych częściach miasta, nadal udawało nam się spotykać na kawie raz w tygodniu. Przyjechałem do kawiarni, a Lily już tam na mnie czekała. Uściskałyśmy się na powitanie, a potem zamówiłyśmy kawę. Znalazłyśmy stolik przy oknie i usiadłyśmy, żeby porozmawiać. **Kawa** była pyszna, jak zawsze, i miło było spotkać się z Lily. Rozmawiałyśmy o naszym tygodniu, pracy i planach na przyszłość. Rozmowa z Lily zawsze była tak łatwa i czułam, że mogę jej powiedzieć wszystko. Po jakimś czasie zaczęłyśmy odczuwać głód i **postanowiłyśmy** zamówić coś do jedzenia.

Zamówiliśmy jedzenie i zajęliśmy miejsca przy oknie. Przez okno wpadało słońce, które sprawiało, że

In un caffè

Era una fredda mattina **d'autunno** e avevo fissato un appuntamento con la mia amica Lily al nostro bar preferito per un caffè. Mi avvolsi al caldo nel cappotto e nella sciarpa e mi avviai. Le foglie cadevano dagli alberi e l'aria era pungente, ma il sole splendeva e prometteva di essere una bella giornata. Mentre camminavo, **pensavo** a quanto fosse bello avere un'amica come Lily. Eravamo amiche da anni, da quando ci eravamo conosciute all'**università**. Avevamo legato per il nostro amore per il caffè e per il tempo trascorso a chiacchierare nei bar. Anche se ora vivevamo in zone diverse della città, riuscivamo comunque a vederci per un caffè una volta alla settimana. Arrivai al caffè e Lily era già lì ad aspettarmi. Ci salutammo con un abbraccio e poi ordinammo i nostri caffè. Trovammo un tavolo vicino alla finestra e ci sedemmo a chiacchierare. Il **caffè** era delizioso, come sempre, ed è stato così bello recuperare il tempo perduto con Lily. Parlammo della nostra settimana, dei nostri lavori e dei nostri progetti per il futuro. Era sempre così facile parlare con Lily e mi sembrava di poterle dire tutto. Dopo un po' cominciammo ad avere fame e **decidemmo** di ordinare qualcosa da mangiare.

Ordinammo il cibo e trovammo posto vicino alla

wszystko było ciepłe i radosne. Rozmawialiśmy przy jedzeniu, ciesząc się prostą przyjemnością przebywania w swoim **towarzystwie**. W kawiarni było dużo ludzi, ale nie odczuwało się tłoku. W powietrzu unosiła się atmosfera spokoju i zadowolenia. Kiedy skończyliśmy jeść, siedzieliśmy jeszcze przez chwilę, ciesząc się spokojną **atmosferą**. Przez chwilę rozmawialiśmy o różnych sprawach, które wydarzyły się w naszym życiu. Miło było spotkać się z moją przyjaciółką i po prostu **odpocząć**. Słońce świeciło przez okno i wydawało się, że **nic nie jest w** stanie zepsuć naszego idealnego dnia.

Nagle usłyszałem głośny trzask. Odwróciłem się i zobaczyłem, że jakiś mężczyzna wypadł przez sufit i leżał przed nami na podłodze. Był **pokryty** pyłem i gruzem i wydawał się być nieprzytomny. Ja i moja przyjaciółka byłyśmy w szoku, wpatrując się w leżącego na podłodze mężczyznę. Nie wiedziałyśmy, co robić ani kogo wezwać na pomoc. Po prostu siedziałyśmy i patrzyłyśmy na niego, nie wiedząc, co robić. Po kilku minutach otrząsnęłam się z tego i zadzwoniłam pod numer 911. Operator powiedział mi, że ktoś wkrótce przyjedzie. Odłożyłem słuchawkę i powiedziałem mojemu przyjacielowi, co powiedział **operator.** Obie siedziałyśmy tam i czekałyśmy na pomoc. Wydawało mi się, że trwało to wieczność, ale w końcu **pojawiła się** karetka. Ratownicy medyczni szybko weszli do środka i zaczęli zajmować się mężczyzną.

finestra. Il sole entrava dalla finestra, rendendo tutto più caldo e felice. Chiacchierammo mentre mangiavamo, godendoci il semplice piacere di stare in **compagnia**. Il caffè era affollato, ma non sembrava affollato. C'era una sensazione di pace e soddisfazione nell'aria. Finito il cibo, ci sedemmo ancora per un po', godendoci l'**atmosfera** tranquilla. Abbiamo parlato per un po' di cose diverse che stavano accadendo nelle nostre vite. È stato così bello recuperare il tempo perduto con la mia amica e **rilassarsi**. Il sole splendeva attraverso la finestra e sembrava che **nulla** potesse rovinare la nostra giornata perfetta.

All'improvviso sentii un forte schianto. Mi girai e vidi che un uomo era caduto dal soffitto e giaceva sul pavimento di fronte a noi. Era **coperto** di polvere e detriti e sembrava privo di sensi. Io e il mio amico eravamo entrambi sotto shock mentre fissavamo l'uomo steso sul pavimento. Non sapevamo cosa fare o chi chiamare aiuto. Rimanemmo lì a fissarlo, senza sapere cosa fare. Dopo qualche minuto mi sono ripreso e ho chiamato il 911. L'operatore mi disse che qualcuno sarebbe arrivato presto. Riattaccai il telefono e raccontai al mio amico quello che mi aveva detto l'**operatore**. Rimanemmo entrambe sedute ad aspettare l'arrivo dei soccorsi. Sembrava un'eternità, ma alla fine **arrivò** un'ambulanza. I paramedici si precipitarono e iniziarono a lavorare sull'uomo.

Pytania dotyczące rozumienia tekstu

1. Skąd pochodzi człowiek, który wpada przez dach?

2. Dlaczego kobieta jest ze swoją przyjaciółką w kawiarni?

3. Jaka jest ulubiona kawiarnia tych dwóch przyjaciół?

4. Jak długo przyjaciele znają się nawzajem?

5. Jaki jest ulubiony napój tych dwóch przyjaciół?

6. W jakim mieście mieszkają ci dwaj przyjaciele?

7. Jak często spotykają się ci dwaj przyjaciele?

8. O czym rozmawiają dwie przyjaciółki, gdy po raz pierwszy spotykają się w swojej ulubionej kawiarni?

9. Jakie jest ulubione jedzenie tych dwóch przyjaciół?

10. Dlaczego tak łatwo jest rozmawiać z Lily?

Domande di comprensione

1. Da dove viene l'uomo che cade dal tetto?

2. Perché la donna è con la sua amica nel caffè?

3. Qual è il caffè preferito dai due amici?

4. Da quanto tempo i due amici si conoscono?

5. Qual è la bevanda preferita dai due amici?

6. In quale città vivono i due amici?

7. Quanto spesso si incontrano i due amici?

8. Di cosa parlano i due amici quando si incontrano per la prima volta nel loro caffè preferito?

9. Qual è il cibo preferito dai due amici?

10. Perché è così facile parlare con Lily?

Idę popływać

Basen zawsze był **orzeźwiającym** miejscem, a dzisiaj było nie inaczej. Słońce świeciło, a woda wyglądała zachęcająco. Wziąłem głęboki oddech i zanurzyłem się w wodzie, czując jej chłodny uścisk. Przez jakiś czas pływałem, ciesząc się z wysiłku i możliwości oczyszczenia głowy. Po jakimś czasie wyszedłem z wody, osuszyłem się i usiadłem na ręczniku, aby odpocząć w słońcu. Zamknąłem oczy i pozwoliłem, by ogarnęło mnie **ciepło,** czując, jak moje mięśnie zaczynają się rozluźniać. Nagle usłyszałem plusk i otworzyłem oczy, aby zobaczyć moją młodszą siostrę, która **wiosłowała** w płytkiej części wody. Uśmiechnąłem się i przyglądałem jej się przez chwilę, po czym wstałem i podszedłem do niej. Chwilę rozmawialiśmy i razem pływaliśmy, ciesząc się swoim towarzystwem. Wkrótce dołączyli do nas rodzice i resztę popołudnia spędziliśmy na pływaniu i wspólnych grach. Zawsze miło było spędzać czas z rodziną na basenie. Jest **coś takiego** w przebywaniu w wodzie, co wydaje się zbliżać ludzi do siebie. Może to dlatego, że kiedy jesteśmy w wodzie, wszyscy jesteśmy równi - nie możemy ukrywać swoich wad ani udawać, że jesteśmy kimś, kim nie jesteśmy. A może po prostu dlatego, że to świetna zabawa! **Niezależnie od** przyczyny, cieszyłem się, że mogliśmy się spotkać i cieszyć się swoim towarzystwem w tak

Andare a nuotare

La piscina era sempre un luogo **rinfrescante** e oggi non era diverso. Il sole splendeva e l'acqua sembrava invitante. Feci un respiro profondo e mi tuffai, sentendo il fresco abbraccio dell'acqua. Nuotai per un po', godendomi l'esercizio e la possibilità di schiarirmi le idee. Dopo un po' uscii e mi asciugai, poi mi sedetti su un asciugamano per rilassarmi al sole. Chiusi gli occhi e lasciai che il **calore** mi avvolgesse, sentendo i miei muscoli iniziare a rilassarsi. All'improvviso sentii uno spruzzo e aprii gli occhi per vedere la mia sorellina **che sguazzava** nel basso fondale. Sorrisi e la osservai per un po', poi mi alzai e mi avvicinai a lei. Chiacchierammo per un po' e pagaiarono insieme, godendo della reciproca compagnia. Presto i nostri genitori ci raggiunsero e passammo il resto del pomeriggio nuotando e giocando insieme. Era sempre così bello passare del tempo con la famiglia in piscina. C'è **qualcosa** nello stare in acqua che sembra unire le persone. Forse perché quando siamo in acqua siamo tutti uguali, non possiamo nascondere i nostri difetti o fingere di essere ciò che non siamo. O forse è solo perché è divertente! **Qualunque sia** la ragione, mi ha fatto piacere che ci siamo riuniti tutti insieme e che ci siamo goduti la reciproca compagnia in un luogo così speciale.

szczególnym miejscu.

Słońce biło w moją skórę, a w powietrzu unosił się zapach chloru. Słyszałem odgłosy śmiechu dzieci, które pluskały się w basenie. Leżałem na **leżaku** obok basenu, wygrzewając się na słońcu i **ciesząc się** dniem. Miałam zamknięte oczy i już miałam zasnąć, gdy usłyszałam, że ktoś do mnie podchodzi. Otworzyłem oczy i zobaczyłem stojącą obok mnie kobietę. Była ubrana w bikini i miała ręcznik owinięty wokół talii. Miała długie blond włosy i niebieskie oczy. W ręku trzymała buteleczkę z **filtrem przeciwsłonecznym.** “Nie masz nic przeciwko temu, żebym posmarowała Ci plecy kremem z filtrem? “Nie, w porządku” - odpowiedziałem, siadając tak, by mogła dosięgnąć moich pleców. Czułem jej dłonie na skórze, gdy nakładała mi krem z filtrem.

Jej dotyk był delikatny, a zapach kremu przeciwsłonecznego kojący. Ponownie zamknąłem oczy i pozwoliłem sobie na relaks. Słyszałem **odgłosy** jej ruchu, ale nie otworzyłem oczu. Byłem zadowolony, leżąc na słońcu i słuchając szumu fal **rozbijających się** o brzeg. Po kilku minutach odeszła, a ja otworzyłem oczy. Patrzyłem na nią, jak wraca do swojego fotela i bierze książkę. Usiadła w fotelu i zaczęła czytać. Ponownie zamknąłem oczy i odpłynąłem w sen. **Śniło mi się**, że pływam w basenie, robiąc okrążenia tam i z powrotem.

Il sole batteva sulla mia pelle e l'odore di cloro era nell'aria. Sentivo il rumore dei bambini che ridevano e sguazzavano nella piscina. Ero sdraiata su una sedia a **sdraio** accanto alla piscina, a prendere il sole e a **godermi la** giornata. Avevo gli occhi chiusi e stavo per addormentarmi quando sentii qualcuno avvicinarsi a me. Aprii gli occhi e vidi una donna in piedi accanto a me. Indossava un bikini e aveva un asciugamano avvolto intorno alla vita. Aveva lunghi capelli biondi e occhi azzurri. Aveva in mano un flacone di **crema solare**. "Ti dispiace se ti metto un po' di crema solare sulla schiena?", mi chiese. "No, va bene", risposi, sedendomi in modo che potesse raggiungermi la schiena. Sentii le sue mani sulla mia pelle mentre applicava la crema solare.

Il suo tocco era delicato e il profumo della crema solare era rilassante. Chiusi di nuovo gli occhi e mi rilassai. Sentivo il **rumore** dei suoi movimenti, ma non aprii gli occhi. Mi accontentai di stare sdraiato al sole, ascoltando il rumore delle onde **che si infrangevano** sulla riva. Dopo qualche minuto si allontanò e io aprii gli occhi. La guardai mentre tornava alla sua poltrona e prendeva il suo libro. Si sistemò sulla sedia e iniziò a leggere. Chiusi di nuovo gli occhi e mi lasciai andare al sonno. **Sognai** che stavo nuotando in piscina, facendo dei giri avanti e indietro.

Pytania dotyczące rozumienia tekstu

1. Gdzie był narrator, gdy rozpoczynał opowiadanie?

2. Co czuje narrator, gdy otwiera oczy?

3. Co słyszy narrator, gdy otwiera oczy?

4. Czyj krem do opalania daje narratorowi kobieta?

5. O czym śni narrator?

6. Dlaczego pływanie w morzu jest dla narratora tak wyjątkowe?

7. Jakie wrażenie robi woda, w której pływa narrator?

8. Co widzi narrator po wyjściu z wody?

9. Co robi kobieta po nałożeniu na narratora kremu z filtrem przeciwsłonecznym?

10. O czym rozmawiają narrator i kobieta na końcu opowiadania?

Domande di comprensione

1. Dove si trovava il narratore quando ha iniziato la storia?

2. Che odore sente il narratore quando apre gli occhi?

3. Cosa sente il narratore quando apre gli occhi?

4. Di chi è la crema solare che la donna dà al narratore?

5. Che cosa sogna il narratore?

6. Perché il bagno in mare è così speciale per il narratore?

7. Come si sente l'acqua in cui nuota il narratore?

8. Cosa vede il narratore quando esce dall'acqua?

9. Cosa fa la donna dopo aver messo la crema solare al narratore?

10. Di che cosa parlano il narratore e la donna alla fine della storia?

Koszenie trawnika

Jest 10 rano w letnią **sobotę**, a słońce już niemiłosiernie bije. Wychodzisz do garażu po kosiarkę, czując się tak, jakbyś został **skazany** na ciężką pracę. Zaczynasz kosić trawnik, starając się robić to powoli, aby nie przeoczyć żadnego miejsca. W trakcie koszenia myślisz o tym, jakie to przyjemne uczucie być na świeżym powietrzu. Gdy zaczynasz pchać kosiarkę tam i z powrotem po trawniku, kątem **oka dostrzegasz** sąsiada. Machasz do niego i witasz się, a on odwzajemnia uśmiech.

Po kilku minutach kończysz i idziesz do domu sąsiada, aby napić się z nim piwa w ogrodzie. Dzień jest **idealny** - nie jest zbyt gorąco, wieje delikatny wiatr. Siedzisz w cieniu drzewa, popijasz piwo i rozmawiasz z sąsiadem. Właśnie takie dni sprawiają, że doceniasz lato. Następnie **udajesz się do** domu na zasłużone piwo. Rozsiadasz się wygodnie na krześle na werandzie i otwierasz puszkę, wydając z siebie zadowolone westchnienie. Dźwięk kosiarki zanika w tle, a Ty odpoczywasz w cieniu, rozkoszując się **spokojem** chwili. Piwo smakuje wyjątkowo dobrze po tej ciężkiej pracy w upale. Już miałem wejść do domu, gdy usłyszałem hałas obok.

Tagliare il prato

Sono le 10 del mattino di un **sabato** estivo e il sole picchia già senza pietà. Si va in garage a prendere il tosaerba, con la sensazione di essere **condannati** ai lavori forzati. Iniziate a tagliare il prato, facendo attenzione ad andare piano per non perdere nessun punto. Mentre si taglia, si pensa a quanto sia bello stare all'aria aperta. Mentre iniziate a spingere il tosaerba avanti e indietro per il prato, con la coda dell'**occhio** vedete il vostro vicino. Lo salutate con la mano e lui ricambia.

Dopo qualche minuto, avete finito e vi recate a casa del vostro vicino per bere una birra con lui nel giardino davanti a casa. È una giornata **perfetta**: non fa troppo caldo e soffia una leggera brezza. Ci si siede all'ombra dell'albero, sorseggiando la birra e chiacchierando con il vicino. Sono giornate come questa che fanno apprezzare l'estate. Poi si **entra** in casa per una meritata birra. Ci si sdraia su una sedia del portico e si apre la lattina, tirando un sospiro soddisfatto. Il rumore del tosaerba passa in secondo piano mentre vi rilassate all'ombra, godendovi la **tranquillità del** momento. La birra ha un sapore ancora più buono dopo tutto quel duro lavoro al caldo. Stavo per rientrare in casa quando

Brzmiało to tak, jakby ktoś płakał. Przestałem kosić i podszedłem do płotu, który oddzielał nasze podwórka. Zobaczyłem moją sąsiadkę, panią Johnson, płaczącą na huśtawce na werandzie. Zawołałem do niej, ale mnie nie usłyszała. Wspiąłem się na płot i podszedłem do niej. "Pani Johnson, wszystko w porządku?" zapytałem. Spojrzała na mnie ze łzami w oczach i potrząsnęła głową. "Nie, nic mi nie jest" - powiedziała. "Wczoraj zmarł mój kot". Byłem zszokowany. Nie wiedziałam, co powiedzieć. Stałem tak niezręcznie, nie wiedząc, co zrobić. W końcu położyłam rękę na jej **ramieniu** i powiedziałam: "Bardzo mi przykro, pani Johnson. Jeśli mogę jakoś pomóc, proszę dać mi znać". "Potrząsnęła głową i powiedziała: "Nie, nikt **nic nie** może zrobić". Po czym wstała i weszła do swojego domu. Stałem tam przez chwilę, nie wiedząc, co robić. Potem wróciłem do koszenia trawnika. Kiedy skończyłem, nie mogłem przestać myśleć o pani Johnson i jej kocie.

ho sentito un rumore nella stanza accanto.

Sembrava che qualcuno stesse piangendo. Smisi di falciare e mi avvicinai alla recinzione che separava i nostri cortili. Mi affacciai e vidi la mia vicina, la signora Johnson, che piangeva sul dondolo del suo portico. La chiamai, ma non mi sentì. Scavalcai la recinzione e mi avvicinai a lei. “Signora Johnson, sta bene?”. Le chiesi. Lei mi guardò con le lacrime agli occhi e scosse la testa. “No, non sto bene”, disse. “Ieri è morto il mio gatto”. Ero scioccato. Non sapevo cosa dire. Rimasi lì impacciato, senza sapere cosa fare. Alla fine le misi una mano sulla **spalla** e dissi: “Mi dispiace molto, signora Johnson. Se posso fare qualcosa per aiutarla, me lo faccia sapere”. “Lei scosse la testa e disse: “No, nessuno può fare **niente**”. Poi si alzò ed entrò in casa sua. Rimasi lì per un momento, senza sapere cosa fare. Poi tornai a tagliare il prato. Mentre finivo, non potei fare a meno di pensare alla signora Johnson e al suo gatto.

Pytania dotyczące rozumienia tekstu

1. Która jest godzina?

2. Gdzie znajduje się osoba kosząca?

3. Jak czuje się dana osoba?

4. Dlaczego osoba musi kosić trawę powoli?

5. Jaka jest pogoda?

6. Co robi osoba po zakończeniu koszenia?

7. Co słyszy osoba przed powrotem do domu?

8. Kto jest z panią Johnson?

9. Dlaczego pani Johnson płacze?

10. Co ta osoba mówi pani Johnson?

Domande di comprensione

1. Che ora è?

2. Dove si trova la persona che sta falciando?

3. Come si sente la persona?

4. Perché la persona deve falciare lentamente?

5. Che tempo fa?

6. Cosa fa la persona dopo la falciatura?

7. Cosa sente la persona prima di tornare a casa?

8. Chi è con la signora Johnson?

9. Perché la signora Johnson piange?

10. Cosa dice la persona alla signora Johnson?

Strzyżenie włosów

Od tygodni nosiłam się z zamiarem zrobienia sobie fryzury, ale jakoś zawsze udawało mi się to odłożyć na później. Jednak w obliczu zbliżających się **Świąt Bożego Narodzenia** wiedziałam, że nie mogę dłużej tego odkładać. Nie chciałam pojawić się na kolacji wigilijnej u mojej rodziny w niechlujnej fryzurze. Tak więc, wczesnym rankiem w Boże Narodzenie udałam się do salonu fryzjerskiego. Mimo wczesnej pory, w salonie było już pełno osób, które chciały **się uczesać na** święta. Zajęłam swoje miejsce w kolejce i czekałam na swoją kolej. W końcu nadeszła moja kolej na fotelu. Stylistka, sympatyczna kobieta o imieniu Jill, zapytała mnie, czego sobie życzę. “Zwykłe podcięcie, nic drastycznego” - odpowiedziałam. Jill zabrała się do pracy, przycinając moje włosy. W miarę jak pracowała, zaczęłam się odprężać. Czułam się dobrze, że wreszcie mogę o siebie zadbać. Ostatnio byłam tak zajęta, biegając i troszcząc się o wszystkich innych, że pozwoliłam, aby moje własne potrzeby zeszły na dalszy plan. Ale **już** nie. Od tej pory zamierzałam znaleźć czas dla siebie.

Kiedy Jill skończyła, spojrzałam w lustro i byłam zadowolona z tego, co zobaczyłam. Moje włosy były schludne i wypolerowane - idealne na wakacyjne

Tagliarsi i capelli

Erano settimane che volevo tagliarmi i capelli, ma in qualche modo riuscivo sempre a rimandare. Ma con il **Natale** alle porte, sapevo che non potevo più rimandare. Non volevo presentarmi alla cena di Natale della mia famiglia con un aspetto trasandato. Così, la mattina presto di Natale, mi sono recata al salone. Anche se era presto, il salone era già pieno di persone che **si facevano** fare i capelli per le feste. Presi posto nella fila e aspettai il mio turno. Finalmente arrivò il mio turno sulla poltrona. La parrucchiera, una donna gentile di nome Jill, mi chiese cosa volessi. "Solo una spuntatina, niente di troppo drastico", risposi. Jill si mise al lavoro, tagliando i miei capelli. Mentre lavorava, cominciai a rilassarmi. Mi sentivo bene a prendermi finalmente cura di me stessa. Ultimamente ero stata così occupata a correre in giro per prendermi cura di tutti gli altri, che avevo lasciato cadere in secondo piano i miei bisogni. Ma **ora** non **più**. D'ora in poi avrei trovato il tempo per me stessa.

Quando Jill ha finito, mi sono guardata allo specchio e sono rimasta soddisfatta di ciò che ho visto. I miei capelli avevano un aspetto ordinato e curato, perfetto per le feste. **Ringraziai** Jill e presi **nota** di tornare più spesso. D'ora in poi mi prenderò cura di me

spotkania. **Podziękowałam** Jill i zapisałam sobie w **pamięci,** żeby częściej do niej wracać. Od tej pory będę dbać przede wszystkim o siebie". Jill zabrała się do pracy, przycinając moje włosy. Pomyślałam o tym, jak bardzo jestem wdzięczna, że w końcu zdecydowałam się na strzyżenie. Dobrze było wiedzieć, że na **kolację** wigilijną będę wyglądać stosownie do okazji. Nie musiałam się już martwić, że rodzina będzie mi dokuczać z powodu mojego "niechlujnego" wyglądu. Po kilku minutach fryzjerka skończyła strzyc moje włosy i szybko je wysuszyła. Spojrzałam w lustro i byłam zadowolona z tego, co zobaczyłam - czysty wygląd, który idealnie nadawał się na świąteczny obiad. Teraz, gdy nie musiałam już strzyc włosów, mogłam skupić się na spędzaniu świąt z rodziną. I za to byłam jeszcze bardziej wdzięczna.

To było takie **wyzwalające** uczucie i bardzo podobała mi się moja nowa fryzura. Po zapłaceniu za fryzurę wróciłam do domu i zaczęłam się pakować na wyjazd. **Nie mogłam się** doczekać, kiedy pochwalę się moim nowym wyglądem rodzinie i przyjaciołom. Wiedziałam, że będą zaskoczeni, gdy mnie zobaczą. W dniu wylotu dotarłam na lotnisko z zapasem czasu. Bez problemu przeszedłem przez kontrolę bezpieczeństwa i wkrótce byłem w drodze. Gdy tylko dotarłem do celu, poczułem podniecenie w powietrzu. Boże Narodzenie było zdecydowanie w powietrzu! Na lotnisku przywitała mnie rodzina, która była zachwycona moją nową fryzurą.

stessa prima di tutto. Si mise al lavoro per tagliare i miei capelli. Pensai a quanto fossi grata di essermi finalmente decisa a tagliarmi i capelli. Era bello sapere che sarei stata presentabile per la **cena** di Natale. Non avrei più dovuto preoccuparmi che la mia famiglia mi prendesse in giro per il mio aspetto "trasandato". Dopo qualche minuto, la parrucchiera finì di tagliarmi i capelli e mi diede una rapida asciugata. Mi guardai allo specchio e fui felice di ciò che vedevo: un look pulito che sarebbe stato perfetto per la cena di Natale. Ora che il taglio di capelli era stato superato, potevo concentrarmi sulle vacanze con la mia famiglia. Ed ero ancora più grata per questo.

Mi sentivo così **libera** e adoravo l'aspetto del mio nuovo taglio di capelli. Dopo aver pagato il taglio, sono tornata a casa e ho iniziato a fare i bagagli per il mio viaggio. **Non** vedevo l'ora di mostrare il mio nuovo look alla mia famiglia e ai miei amici. Sapevo che sarebbero rimasti sorpresi quando mi avrebbero visto. Il giorno del volo sono arrivata all'aeroporto con molto tempo a disposizione. Ho superato i controlli di sicurezza senza problemi e presto sono partita. Non appena arrivai a destinazione, sentii l'eccitazione nell'aria. Il Natale era decisamente nell'aria! La mia famiglia era lì ad accogliermi all'aeroporto ed erano tutti stupiti del mio nuovo taglio di capelli.

Pytania dotyczące rozumienia tekstu

1. Co bohater musiał zrobić przed świętami?

2. Jak bohaterka czuła się, dbając o siebie?

3. Kto przyciął włosy bohatera?

4. Dlaczego rodzina bohaterki miała jej dokuczać?

5. Jak czuła się bohaterka po obcięciu włosów?

6. Co zrobiła bohaterka po obcięciu włosów?

7. Jaka była reakcja rodziny bohaterki na jej fryzurę?

8. Co bohater robił w Wigilię?

9. Co sprawiło, że doświadczenie bohatera było bardziej wyjątkowe?

10. Co by się stało, gdyby bohater nie dał sobie obciąć włosów?

Domande di comprensione

1. Che cosa doveva fare il protagonista prima di Natale?

2. Come si è sentita la protagonista nel prendersi cura di sé?

3. Chi ha tagliato i capelli al protagonista?

4. Perché la famiglia della protagonista la prendeva in giro?

5. Come si è sentita la protagonista dopo essersi tagliata i capelli?

6. Che cosa ha fatto la protagonista dopo essersi tagliata i capelli?

7. Qual è stata la reazione della famiglia della protagonista al suo taglio di capelli?

8. Che cosa ha fatto il protagonista la vigilia di Natale?

9. Cosa ha reso più speciale l'esperienza del protagonista?

10. Cosa succederebbe se il protagonista non si tagliasse i capelli?

Park

Słońce zachodziło, a w parku było pusto. Usiadłam na ławce, czekając na moją **przyjaciółkę**. Zaplanowałyśmy spotkanie już godzinę temu, ale ona zawsze się spóźniała. Gdy już miałam się poddać i iść do domu, zobaczyłam, że biegnie w moją stronę."Tak mi przykro" - wykrztusiła, gdy znalazła się na ławce. "Mój pociąg się **opóźnił**". "W porządku" - powiedziałam z **wyrozumiałością**. "Sam dopiero co przyjechałem". Usiedliśmy i przez chwilę rozmawialiśmy, dowiadując się, jak wyglądało nasze życie od ostatniego spotkania. Rozmowa płynęła **gładko i wydawało się,** że od naszego ostatniego spotkania nie minęło ani trochę czasu. Gdy słońce zaszło, pożegnaliśmy się i poszliśmy w swoją stronę. Następnym razem spotkaliśmy się w innym parku. Znów się spóźniła, ale nie miałem nic przeciwko temu. Miło było mieć kogoś, z kim można porozmawiać, kto mnie **rozumie.** Rozmawialiśmy o naszych marzeniach i **aspiracjach**, o rzeczach, które chcielibyśmy zrobić w życiu. Ona opowiedziała mi o swoich planach podróżowania po świecie, a ja podzieliłem się swoim marzeniem, by zostać pisarzem. Gdy słońce zachodziło w kolejny dzień, pożegnałyśmy się raz jeszcze, obiecując sobie, że tym razem będziemy w kontakcie.

Mijały lata, a nasza **przyjaźń** pozostawała silna, mimo

Il parco

Il sole stava tramontando e il parco era vuoto. Mi sedetti sulla panchina ad aspettare la mia **amica**. Avevamo programmato di incontrarci qui un'ora fa, ma lei era sempre in ritardo. Proprio quando stavo per arrendermi e tornare a casa, la vidi correre verso di me. "Mi dispiace tanto", ansimò quando raggiunse la panchina. "Il mio treno è **in ritardo**". "Non c'è problema", dissi **con indulgenza**. "Sono appena arrivato anch'io". Ci siamo seduti e abbiamo chiacchierato per un po', aggiornandoci sulle nostre vite dall'ultima volta che ci siamo visti. La conversazione è fluita **facilmente** e ci è sembrato che non fosse passato affatto del tempo dall'ultima volta che ci siamo visti. Al tramonto ci siamo salutati e abbiamo preso strade diverse. La volta successiva ci incontrammo in un altro parco. Anche in questo caso era in ritardo, ma non mi dispiaceva. Era bello avere qualcuno con cui parlare che mi **capisse**. Parlammo dei nostri sogni e delle nostre **aspirazioni**, delle cose che volevamo fare nella nostra vita. Lei mi parlò dei suoi progetti di viaggiare per il mondo e io le confidai il mio sogno di diventare scrittrice. Al tramonto di un altro giorno, ci siamo salutate ancora una volta, promettendo di tenerci in contatto questa volta.

Gli anni sono passati e la nostra **amicizia** è rimasta forte, anche se ora viviamo in zone diverse del Paese.

że mieszkaliśmy teraz w różnych częściach kraju. Utrzymywałyśmy kontakt poprzez listy i sporadyczne rozmowy telefoniczne, dzieląc się wzajemnie nowinkami z naszego życia. Kiedy ogłosiła, że wychodzi za mąż, nie byłem **zaskoczony** - zawsze była typem poszukiwacza **przygód**. Ale kiedy zapytała mnie, czy byłabym druhną na jej ślubie, który odbywał się pół świata od mojego miejsca zamieszkania... trzeba było mnie trochę przekonać! W końcu jednak nie mogłam pozwolić, by moja najlepsza przyjaciółka wyszła za mąż beze mnie u jej boku, więc mimo moich obaw (i po wielu błaganiach z jej strony!) **zgodziłam się wziąć** udział w tym, co okazało się **przygodą** życia.

W końcu nadszedł dzień **ślubu**. Byłam zdenerwowana, ale jednocześnie podekscytowana, że mogłam uczestniczyć w tak ważnym momencie w życiu mojej przyjaciółki. Ceremonia była piękna, a ona wyglądała na szczęśliwą, gdy składała przysięgę. **Później** świętowaliśmy z wielką imprezą - wyglądało na to, że wszyscy, których znała, przyszli świętować razem z nią! To był **magiczny** dzień, którego nigdy nie zapomnę, a nasza przyjaźń po tej przygodzie tylko się umocniła. Teraz, po latach, nadal utrzymujemy kontakt. Obie bardzo się **zmieniłyśmy** od czasu naszego pierwszego spotkania, ale nasza przyjaźń jest tak silna, jak nigdy dotąd. Za każdym razem, gdy się spotykamy - czy to w parku, czy **na drugim końcu** świata - mamy wrażenie, że nie minął żaden czas.

Ci siamo tenute in contatto tramite lettere e telefonate occasionali, condividendo le notizie della nostra vita. Quando annunciò che si sarebbe sposata, non ne fui **sorpreso**: era sempre stata un tipo **avventuroso**. Ma quando mi ha chiesto di farle da damigella d'onore alla cerimonia di matrimonio che si sarebbe svolta a metà strada dal luogo in cui vivevo... c'è voluto un po' per convincerla! Alla fine, però, non potevo permettere che la mia migliore amica si sposasse senza di me al suo fianco, così, nonostante le mie paure (e dopo molte suppliche da parte sua!), ho **accettato** di partecipare a quella che si è rivelata l'**avventura** di una vita.

Finalmente è arrivato il giorno del **matrimonio**. Ero nervosa, ma entusiasta di partecipare a un momento così importante della vita della mia amica. La cerimonia è stata bellissima e lei sembrava felice mentre pronunciava le sue promesse. **Dopo**, abbiamo festeggiato con una grande festa: sembrava che tutti i suoi conoscenti fossero venuti a festeggiare con lei! È stato un giorno **magico** che non dimenticherò mai, e la nostra amicizia si è rafforzata dopo quell'avventura. Ora, a distanza di anni, ci teniamo ancora in contatto. Siamo **cambiate** molto da quando ci siamo conosciute, ma la nostra amicizia è più forte che mai. Ogni volta che ci incontriamo, che sia in un parco o **dall'altra parte del** mondo, sembra che il tempo non sia mai passato.

Pytania dotyczące rozumienia tekstu

1. Gdzie autorka i jej przyjaciółka spotkały się po raz pierwszy?

2. Dlaczego przyjaciel autora spóźnił się na spotkanie?

3. O czym rozmawiali przyjaciele, gdy spotkali się ponownie po latach?

4. Jak autorka czuła się, uczestnicząc w uroczystości ślubnej swojej przyjaciółki?

5. Opisz miejsce, w którym odbywa się ceremonia ślubna.

6. Jak z czasem zmieniła się przyjaźń między tymi dwiema kobietami?

7. Jakie jest marzenie autora?

8. Dokąd zamierza wyjechać przyjaciel autora?

9. Dlaczego autorka wahała się, czy wziąć udział w uroczystości ślubnej swojej przyjaciółki?

Domande di comprensione

1. Dove si sono incontrati per la prima volta l'autrice e la sua amica?

2. Perché l'amico dell'autore è arrivato in ritardo all'incontro?

3. Di che cosa hanno parlato gli amici quando si sono rivisti anni dopo?

4. Come si è sentita l'autrice ad assistere alla cerimonia di matrimonio della sua amica?

5. Descrivete l'ambientazione della cerimonia nuziale.

6. Come è cambiata l'amicizia tra le due donne nel corso del tempo?

7. Qual è il sogno dell'autore?

8. Dove intende viaggiare l'amico dell'autore?

9. Perché l'autrice esitava a partecipare alla cerimonia di matrimonio della sua amica?

www.ingramcontent.com/pod-product-compliance
Lightning Source LLC
LaVergne TN
LVHW010603160826
845677LV00013B/3228

9798846248861